Kollektive Interessenorganisation in der Sozialen Arbeit

André Heinz

Kollektive Interessenorganisation in der Sozialen Arbeit

Ursachen geringer berufspolitischer Organisation

André Heinz
Berlin, Deutschland

ISBN 978-3-658-10513-6   ISBN 978-3-658-10514-3 (eBook)
DOI 10.1007/978-3-658-10514-3

Die Deutsche Nationalbibliothek verzeichnet diese Publikation in der Deutschen Nationalbibliografie; detaillierte bibliografische Daten sind im Internet über http://dnb.d-nb.de abrufbar.

Springer VS
© Springer Fachmedien Wiesbaden 2016
Das Werk einschließlich aller seiner Teile ist urheberrechtlich geschützt. Jede Verwertung, die nicht ausdrücklich vom Urheberrechtsgesetz zugelassen ist, bedarf der vorherigen Zustimmung des Verlags. Das gilt insbesondere für Vervielfältigungen, Bearbeitungen, Übersetzungen, Mikroverfilmungen und die Einspeicherung und Verarbeitung in elektronischen Systemen.
Die Wiedergabe von Gebrauchsnamen, Handelsnamen, Warenbezeichnungen usw. in diesem Werk berechtigt auch ohne besondere Kennzeichnung nicht zu der Annahme, dass solche Namen im Sinne der Warenzeichen- und Markenschutz-Gesetzgebung als frei zu betrachten wären und daher von jedermann benutzt werden dürften.
Der Verlag, die Autoren und die Herausgeber gehen davon aus, dass die Angaben und Informationen in diesem Werk zum Zeitpunkt der Veröffentlichung vollständig und korrekt sind. Weder der Verlag noch die Autoren oder die Herausgeber übernehmen, ausdrücklich oder implizit, Gewähr für den Inhalt des Werkes, etwaige Fehler oder Äußerungen.

Gedruckt auf säurefreiem und chlorfrei gebleichtem Papier

Springer Fachmedien Wiesbaden ist Teil der Fachverlagsgruppe Springer Science+Business Media
(www.springer.com)

Inhaltsverzeichnis

Abbildungsverzeichnis 7
Abkürzungsverzeichnis 9
Zusammenfassung 11
Abstract 13

1 Einleitung 15
   1.1   Hinführung zum Thema 17
   1.2   Forschungsfrage 19
   1.3   Hypothese 19
   1.4   Methodisches Vorgehen 19

2 Soziale Bewegungen und Soziale Arbeit 21
   2.1   Entwicklungsursprünge der Sozialen Arbeit 24
        2.1.1   Entwicklungsursprung I – Mildtätigkeit und Barmherzigkeit . 25
        2.1.2   Entwicklungsursprung II – Stabilisierung und Sicherung 26
   2.2   Soziale Bewegungen 28
        2.2.1   Soziale Bewegungen ab der Nachkriegszeit 30
   2.3   Paradigmen der Bewegungsforschung 33
        2.3.1   Structural Strains Ansatz 33
        2.3.2   Collective Identity Ansatz 34
        2.3.3   Resource Mobilization Ansatz 38
        2.3.4   Political Opportunity Structures Ansatz 39
        2.3.5   Framing Ansatz 40
   2.4   Faktorenübersicht der theoretischen Erkenntnisse 42

3 Sozioökonomische Verhältnisse aus Sicht der Paradigmen 45

3.1 Zur Situation der Unternehmen 49

3.2 Zur Situation der ArbeitsleistungserbringerInnen 55

3.3 Zur Situation der Studierenden 62

    3.3.1 Ausgewählte Ergebnisse der Befragung 63

4 Zusammenfassung aus Sicht der Paradigmen 73

4.1 Structional Strains Ansatz 73

4.2 Collective Identity Ansatz 74

4.3 Resource Mobilization Ansatz 75

4.4 Political Opportunity Ansatz 75

4.5 Framing Ansatz 76

4.6 Faktorenübersicht in der Sozialen Arbeit 76

5 Resümee und Ausblick 79

Literaturverzeichnis 83

Abbildungsverzeichnis

Abbildung 1:	Sozialpolitik Umsetzungsschema	23
Abbildung 2:	Doppelmandat	27
Abbildung 3:	Trippelmandat nach Staub-Bernasconi	28
Abbildung 4:	Faktorenübersicht der Bewegungsforschung	43
Abbildung 5:	Prognostizierte Umsatzentwicklung im Sozialwesen in Deutschland in den Jahren 2006–2016	45
Abbildung 6:	Demografischer Wandel	46
Abbildung 7:	Ehrenamtliche in Deutschland	48
Abbildung 8:	Bereiche der ehrenamtlichen Tätigkeit	49
Abbildung 9:	Branchenvergleich im DL-Sektor	50
Abbildung 10:	Verteilung der Unternehmen nach Umsatzgrößenklassen 2011	51
Abbildung 11:	EBT-Marge nach Umsatzklassen	52
Abbildung 12:	EBT-Marge 2008–2011	52
Abbildung 13:	Anzahl steuerpflichtiger Unternehmen	53
Abbildung 14:	Gewerbeanmeldungen	53
Abbildung 15:	Insolvenzquote	54
Abbildung 16:	Von Insolvenz betroffene Beschäftigte	54
Abbildung 17:	Anzahl der Beschäftigten	56
Abbildung 18:	Gender Pay Gap	56
Abbildung 19:	Gehaltsvergleich nach Berufsgruppen	57
Abbildung 20:	Gehälter in akademischen Berufsausbildungen	58
Abbildung 21:	Unbezahlte Arbeit nach Geschlecht	59
Abbildung 22:	Unbezahlte Arbeit nach Branchen	60
Abbildung 23:	Arbeitsunfähigkeitstage	61
Abbildung 24:	Teilnehmeranzahl der Studierendenbefragung	63

Abbildung 25: Altersdurchschnitt 64
Abbildung 26: Geschlechterverteilung der Studierenden 64
Abbildung 27: Anteil der Studiengänge 65
Abbildung 28: Studierende mit Kind 65
Abbildung 29: Anzahl der Kinder 66
Abbildung 30: Alter des ersten Kindes 66
Abbildung 31: Studierende in Pflege von Familienangehörigen 67
Abbildung 32: Studierende mit einem Ehrenamt 67
Abbildung 33: Einkommensquellen der Studierenden 68
Abbildung 34: Haupteinkommensquellen der Studierenden 69
Abbildung 35: Durchschnitteinkommenshöhe der Studierenden 70
Abbildung 36: Berufspolitischer Organisationsgrad der Studierenden 70
Abbildung 37: Gewerkschaftsmitgliedschaft der Studierenden 71
Abbildung 38: Faktorenübersicht in der Sozialen Arbeit 77

Abkürzungsverzeichnis

ApO	–	Außerparlamentarische Opposition
ASH	–	Alice Salomon Hochschule
BMAS	–	Bundesministerium für Arbeit und Soziales
bes.	–	besonders
bzw.	–	beziehungsweise
ca.	–	circa
Chr.	–	Christus
CSWE	–	Council on Social Work Education
d. h.	–	das heißt
ebd.	–	ebenda
ff.	–	folgende
EGO	–	Entgeldordnung
EHB	–	Evangelische Hochschule Berlin
HTWK	–	Hochschule für Technik, Wirtschaft und Kultur
IAB	–	Institut für Arbeitsmarkt- und Berufsforschung
IAQ	–	Institut für Arbeit- und Qualität
i. e. S.	–	im engeren Sinne
i. w. S.	–	im weiteren Sinne
Jh.	–	Jahrhundert
Kap.	–	Kapitel
KHSB	–	Katholische Hochschule für Sozialwesen
o. a.	–	oder auch
mind.	–	mindestens
NASW	–	National Association of Social Workers

NPP	–	Netzwerk Prekäres Praktikum
NSB	–	Neue Soziale Bewegungen
resp.	–	respektive
RAF	–	Rote Armee Fraktion
RVO	–	Reichsversicherungsgesetze
s.	–	siehe
s. u.	–	siehe unten
S.	–	Seite
SGB	–	Sozialgesetzbuch
SuE	–	Sozial- und Erziehungsdienst der Kommunen
v.	–	vor
vgl.	–	vergleiche
WZ	–	Wirtschaftszweig
z. B.	–	zum Beispiel
zit. n.	–	zitiert nach

Zusammenfassung

Die derzeitigen Entwicklungen in der Berufsgruppe der Sozialen Arbeit weisen eine Zunahme der Prekarisierung auf, welche bislang ohne erkennbare Proteste von den Studierenden oder den Arbeitsleistungserbringern hingenommen werden. Aufschluss über die Ursachen dieses vermeintlichen Widerspruchs geben die Paradigmen der Soziologie von sozialen Bewegungen, welche in dieser Arbeit kombiniert werden mit den sozioökonomischen Verhältnissen und deren Bedeutung und Wirkungsweisen auf die Herausbildung einer sozialen Bewegung innerhalb der Sozialen Arbeit. Die zusammengetragenen Daten geben dabei bereits selbst einen interessanten Einblick in die Entwicklung, jedoch wird erst in der Kombination mit den Paradigmen deren Wirkung auf die Berufsgruppe deutlich. Es zeigt sich, dass es sich um eine Vielzahl von Faktoren handelt, welche die Herausbildung einer sozialen Bewegung in dieser Berufsgruppe ungünstig beeinflussen und dass unter diesen Bedingungen eine soziale Bewegung innerhalb dieser Berufsgruppe äußerst unwahrscheinlich ist. Darüber hinaus macht die abschließende Faktorenübersicht deutlich, dass die sozioökonomischen Verhältnisse den größten Einfluss auf das Paradigma der kollektiven Identität nehmen.

Abstract

The current development in the profession of social work shows an increase in precarization, which seem to be accepted by both students and employees without any noticeable protest up to now. An insight of the causes leading to this alleged contradiction is given by the sociological paradigms of social movements, which this thesis combines with socioeconomical conditions and their importance and effectiveness on the development of social movements within the profession of social work. The gathered data on their own already provide an interesting insight into the development, however, only the combination of the paradigms clearly shows their effect on the profession. It becomes apparent that a variety of factors are responsible for hindering the development of a social movement within the profession and that under those circumstances a movement is unlikely to happen. Furthermore, the concluding overview of factors clearly shows that socioeconomical conditions have the greatest impact on the paradigm of the collective identity.

1 Einleitung

„Des Lebens Ernst herrschte im Handelsteil"
(Klaus Mann, Mephisto, 1980: 218)

Während sich die Ausbildung an den Hochschulen immer weiter auf die Methoden in der Sozialen Arbeit konzentriert, verschlechtern sich zunehmend die Arbeitsbedingungen ohne erkennbare Proteste auf Seiten der Studierenden oder der Arbeitsleistungserbringer. Eine Hörersendung von Inforadio titelte im April 2014 „Sozialfall Sozialarbeiter?" und stellte darin die Frage, ob die SozialarbeiterInnen trotz Vollzeitbeschäftigung zukünftig auf ergänzende Leistungen vom Arbeitsamt angewiesen sind. Dabei sind die bestehenden Strukturen zur Hinnahme und Gewöhnung an solche Verhältnisse bereits während des Praktikumssemesters im Studium verankert und geben diesbezüglich eine erste Orientierung für die Studierenden. Weniger plakativ, aber ebenso eindeutig, urteilte das Bundesarbeitsgericht am 21. August 2013 (4 AZR 933/11), dass die Eingruppierung von SozialarbeiterInnen zu niedrig wäre. Damit gab das Gericht den Gewerkschaften in ihrer Auffassung Recht, dass die Bezahlung für die Verantwortung und die lange Ausbildung nicht angemessen ist.

Für die Erklärung dieses Widerspruchs aus den zunehmenden Verschlechterungen der Arbeitsbedingungen und dem Ausbleiben von Protesten der SozialarbeiterInnen gibt es derzeit nur Spekulationen. Allgemein vermutet werden Ursachen wie die Heterogenität der Berufsfelder, die Feminisierung, fehlender Habitus oder auch die hohen Arbeitsbelastungen. Zur Klärung dieses Widerspruchs wurden in dieser Arbeit die Erkenntnisse aus der Soziologie der sozialen Bewegungen herangezogen und mit den sozioökonomischen Verhältnissen in dieser Berufsgruppe hinsichtlich ihrer Bedeutung und Wirkungsweise aus der Perspektive der einzelnen Paradigmen beleuchtet. Ziel war es, durch diese Kombination neue Einblicke in diese Problematik zu ermöglichen. Die dabei zugrunde liegenden sozioökonomischen

Daten sind oft ungenau und nicht klar von anderen Berufsgruppen im sozialen Bereich zu trennen. Bereits hier wird ein erstes wesentliches Problem für die Beschreibung der Problematik deutlich, da bislang keine konkreten statistischen Erhebungen für die Soziale Arbeit vorliegen. Diese Unklarheit bzw. Unsichtbarkeit der einzelnen Veränderungsprozesse in dieser Berufsgruppe erschwert die Wahrnehmung der Problematik und daran anknüpfend deren Thematisierung. Darüber hinaus wird die Thematisierung oft durch den Vergleich mit anderen Berufsgruppen oder der Lebenssituation von Arbeitsleistungserbringern in anderen Ländern erschwert, bei denen die Prekarisierung der Arbeitsbedingungen noch weiter vorangeschritten ist. Solche Betrachtungsweisen führen zu einer Abwärtsspirale, bei der sich stets an den schlechteren Arbeitsbedingungen orientiert und der Abbau von fairen Arbeitsbedingungen hingenommen wird. Die Situation anderer Berufsgruppen mit einer weniger vorangeschrittenen Prekarisierung erscheint in einem solchen Vergleich nicht mehr diskussionswürdig und bedarf von daher keiner Thematisierung, wodurch der zunehmenden und flächendeckenden Prekarisierung der Weg geebnet wird.

Mit dem Begriff der Prekarisierung sind atypische Arbeitsverhältnisse gemeint, welche gekennzeichnet sind durch die Zunahme von Unsicherheit in der Erwerbstätigkeit. Gemeint sind unter anderem niedrige Löhne, der Abbau von Sozialleistungen und befristete Arbeitsverhältnisse, welche zum sozialen Abstieg führen. In diesem Zusammenhang wird auch von der Wiederkehr der sozialen Frage im 21. Jahrhundert gesprochen (Castel, Dörre, & Bescherer, 2009). Weitere Definitionen von „Soziale Arbeit", „Sozialarbeiter" und „soziale Bewegung" werden in dieser Arbeit gesondert im Kontext ihrer thematischen Bezugnahme bestimmt.

Sprachlich wird in dieser Arbeit auf zwei Dinge geachtet, zum einen auf eine gendergerechte Ausdrucksweise, damit es zu keinen Diskriminierungen kommt, und zum anderen werden die Unternehmen auch als ArbeitskraftnehmerInnen bezeichnet und die sogenannten „Arbeitnehmer" als ArbeitsleistungserbringerInnen. Dies soll dazu dienen die Verhältnisse korrekt darzustellen.

Ein weiteres Problem von fehlender Thematisierung kann bereits durch diese Arbeit gemindert werden, denn ein Problem vieler neuerer sozialer Bewegungen ist die „Geschichtsvergessenheit vieler Aktivisten, die glaubten, am Beginn eines neuen Zeitalters zu stehen und, bezogen auf Strukturen,

Strategien und Taktiken, völlig neue Wege zu beschreiten und dabei versuchten, das Rad der Protestpolitik neu zu erfinden" (Rucht, 2013: 133).

1.1 Hinführung zum Thema

Die ideale Gesellschaft braucht keine Soziale Arbeit, da es idealerweise keine soziale Ungleichheit gibt, mit der sich die Soziale Arbeit zu befassen braucht. Bei gelingender Sozialarbeit würde sich diese somit zunehmend selbst abschaffen. Nach der Einschätzung von Wolf tut sie das auch gerade (Wolf, 2011: 71). Dies geschieht jedoch nicht, weil die Gesellschaft zunehmend idealer wird, sondern weil die Soziale Arbeit immer stärker im logischen Widerspruch zu sich selbst steht. Die Rationalität des Marktes verlangt den Ausstoß von Arbeitskraftbesitzern zur Maximierung der Gewinne durch Senkung der Produktionskosten. Im sozialen Dienstleistungsbereich bestehen die größten Produktionskosten zu ca. 90 % aus Personalkosten. Zur Steigerung der Gewinne müssen demnach die Personalkosten durch die Entlassung von Arbeitskräften und Lohnkostenreduzierung gesenkt werden. Die zunehmende Übernahme dieser Rationalität im sozialen Bereich führt dazu, dass dieser Bereich demnach selbst Personen ausstoßen muss. Dies steht jedoch im Widerspruch mit dem klassischen Verständnis von Sozialarbeit (Kap. 2.1), denn wie kann sich eine Berufsgruppe einerseits um die Ausgestoßenen kümmern und andererseits selber Menschen ausstoßen. Das Verständnis von Sozialer Arbeit verändert sich hierdurch grundlegend. Die zunehmende Verinnerlichung dieser Logik des Marktes und des Wettbewerbs wird im sozialen Bereich demnach zu einer Prekarisierung der Arbeitsleistungserbringer und Entprofessionalisierung der Sozialen Arbeit führen. Die Ökonomisierung vollzieht sich dabei auf drei Ebenen:

1) Auf der Makroebene vollzieht sich eine Vermarktlichung nach außen, indem sich der Sozialsektor zum Markt hin öffnet (Kap. 3). Bei den dabei entstehenden wettbewerbsförmigen und -strukturierten Wohlfahrtsmärkten handelt es sich allerdings nur um Scheinmärkte, da diese weiterhin hauptsächlich vom Staat subventioniert werden. Im Ergebnis unterbieten sich die Unternehmen daher selbst im staatlich diktierten Preis-Leistungs-Verhältnis.

2) Auf der Mesoebene vollzieht sich die Vermarktlichung aufgrund der Internalisierung von Marktmechanismen nach innen. Die Unternehmen und der Staat wenden zunehmend Methoden der Betriebswirtschaftslehre an. Es kommt dabei durch die Anwendung vielzähliger struktureller und prozessualer Instrumente zu einem Prozess der Verbetriebswirtschaftlichung, wie z. B. zu dem Neuen Steuerungsmodell, zu Budgetvorgaben, Kosten-Nutzen-Analysen, Monitoring oder Controlling.

3) Auf der Mikroebene vollzieht sich die Vermarktlichung auf der subjekt- und verhaltensbezogenen Dimension. Hierbei kommt es zu einer „Erziehung der Individuen zu marktkonformen Verhalten" (Wolf, 2011: 74). Das gewünschte Menschenbild orientiert sich dabei am „homo oeconomicus" und geht davon aus, dass jedes Verhalten im Kosten-Nutzen-Kalkül zu stehen hat. Mit diesem Selbstverständnis versteht sich jede Person als unternehmerisches Selbst, das einerseits aufgefordert ist, das eigene Handeln an die Logik des Marktes anzupassen und andererseits alle eigenen Handlungen als Investition in das eigene Humankapital zu betrachten.

Mit diesem Denken und Handeln rückt die eigene professionelle Identität der Sozialen Arbeit immer weiter in den Hintergrund, bis sich diese ganz aufgelöst hat (Wolf, 2011). Der Staat verändert sich somit vom Welfare State zum Workfare State und mit ihm die sozialen Berufe. Beschleunigt wurde dieser Prozess durch den Wegfall des Ost-West-Gegensatzes und dem damit einhergehenden Ausfall der Systemkonkurrenz. Infolgedessen „brauchte der Kapitalismus, keines menschlichen Antlitz mehr" (Stapf-Finé, 2013: 19). Eine Notwendigkeit der Ökonomisierung ist dabei die zunehmende Ausbeutung der ArbeitsleistungserbringerInnen (Kap. 3.2), welche eigentlich Anlass für Proteste und Demonstrationen geben sollte. Stattdessen kommt es bei Aufrufen zu Großdemonstrationen für bessere Arbeitsbedingungen in der Sozialen Arbeit immer wieder zu den gleichen Ergebnissen: „Smartmob in Berlin: 6 Schilder, 12 Sozialarbeiter*innen anwesend…" (Unabhängiges Forum Soziale Arbeit, 18.03.2014). Dieses Ausbleiben von Protesten oder einer sozialen Bewegung ist dabei Gegenstand dieser Arbeit.

1.2 Forschungsfrage

Die Folgen der Ökonomisierung haben in dem sozialen Bereich zu einem Paradigmenwechsel geführt, welcher bislang ohne erkennbare Proteste von den Berufsgruppen hingenommen und mitgetragen wird. Die resultierenden Folgen sind inzwischen anhand vielzähliger sozioökonomischer Daten einigermaßen sichtbar geworden. In der vorliegenden Arbeit werden diese aus allen drei Bereichen (Unternehmen, ArbeitsleistungserbringerInnen und Studierende) zusammengetragen und interpretiert. Dabei lautet die zentrale Frage dieser Arbeit, inwiefern die gesellschaftlichen und sozioökonomischen Verhältnisse in der Sozialen Arbeit die Herausbildung einer sozialen Bewegung innerhalb dieser Berufsgruppe beeinflussen und welche Faktoren der sozialen Bewegungen aus Sicht der Soziologie von Bedeutung sind. Möglich wird dies durch die Kombination der Erkenntnisse mit den empirischen Daten zu den Verhältnissen in der Sozialen Arbeit. Erstmalig soll in dieser Arbeit der Versuch unternommen werden, diese Faktoren mit den Verhältnissen in der Soziale Arbeit zu vergleichen, damit neue Erkenntnisse gewonnen werden können, weshalb die Prekarisierung der SozialarbeiterInnen bisher zu keinen erkennbaren Protesten und keiner sozialen Bewegung geführt hat.

1.3 Hypothese

Die gesellschaftlichen und sozioökonomischen Verhältnisse in der Sozialen Arbeit geben einerseits Anlass zu Protesten und Demonstrationen, aber gleichzeitig verhindern sie die Herausbildung einer sozialen Bewegung auf vielfältige Art und Weise.

1.4 Methodisches Vorgehen

Es werden die theoretischen Paradigmen der Soziologie der sozialen Bewegungen mit den empirischen Daten zu den Verhältnissen in der Sozialen Arbeit verglichen. Dazu werden verschiedenste Studien aus primär und

Tabelle 1: Quellenübersicht

Datenquellen für Primär- und Sekundäranalysen	eigene Erhebung	Direktzugriff auf die erhobenen Daten mit SPSS 22	Informationen aus angefertigten Berichten (sekundäre Daten)
NPP Umfrage 2013	X	X	
Deutsches Institut für Wirtschaft (DIW) 2012			X
DGB Index Gute Arbeit 2013			X
Statista 2014			X
Bundeszentrale für politische Bildung 2012			X
Branchereport von Statista 2014			X
Wirtschafts- und Sozialwissenschaftliches Institut (WSI) 2013			X

sekundär erhobenen Datensätzen herangezogen. Eine Übersicht bietet Tabelle 1.

Darüber hinaus werden in dieser Arbeit die Methoden der Triangulation angewandt, welche auch als „Mixed Methodologies" (Flick, 2011: 76) bezeichnet werden. Ziel ist es, durch die Verwendung unterschiedlicher quantitativer und qualitativer Daten, sowie von Theorien und Methoden die Pluralität der Informationen zu nutzen und somit die Vielschichtigkeit der Forschungsfrage tiefer durchdringen zu können.

2 Soziale Bewegungen und Soziale Arbeit

Auch wenn es unter den aktuellen Umständen überrascht, die Soziale Arbeit und die sozialen Bewegungen waren in ihren Ursprüngen eng miteinander verbunden. Es war die Frauenbewegung am Ende des 19. und am Anfang des 20. Jahrhunderts, welche den Grundstein zur Professionalisierung von Sozialer Arbeit durch die Etablierung von Berufsschulen für Frauen gelegt hat, damit diese einer „sinnvollen Betätigung nachgehen ... und Beteiligung an politischen Prozessen" haben (Salomon 1932/33, zit. n Wagner, 2009: 15). Ebenso war es die Arbeiterbewegung, welche maßgeblich dazu beigetragen hat, das sozialpolitische System von Grund auf zu verändern, so dass Bismarck gezwungen war zu handeln, wenn es nicht zu einer Revolution kommen sollte. Für Bismarck war „die Sozialdemokratie der zentrale innere Feind des Staates" (Bundesministerium für Arbeit und Soziales, 2014). Infolge der Bedrohung durch die wachsende Arbeiterbewegung, welche sich in Gotha 1875, aus der „Allgemeinen Arbeiterbewegung" (gegründet 1863 von Ferdinand Lasalle) mit der „Sozialdemokratischen Arbeiterpartei" (gegründet 1869 von August Bebel) zusammengeschlossen hat, entwickelte Bismarck zwei Strategien. Die erste bestand aus dem Erlass eines Gesetzes zur „Unterdrückung" (Bundesministerium für Arbeit und Soziales, 2014) der Arbeiterbewegung, welches als Sozialistengesetz mit den Stimmen der konservativen und nationalliberalen Abgeordneten am 19. Oktober 1878 im Reichstag verabschiedet wurde. In diesem Gesetz „gegen die gemeingefährlichen Bestrebungen der Sozialdemokratie" (Bundesministerium für Arbeit und Soziales, 2014) wurde in 30 Paragraphen jegliche sozialdemokratische und sozialistische Organisation verboten. Infolgedessen wurden etwa 1500 Sozialdemokraten und GewerkschafterInnen zu Zuchthaus- und Gefängnisstrafen verurteilt oder zur Auswanderung gezwungen (Bundesministerium für Arbeit und Soziales, 2014). Die zweite Strategie bestand aus dem Erlass der Sozialgesetze (Krankenversicherung im Jahr 1883; Unfallversicherung im Jahr 1884; Rentenversicherung im Jahr 1891), welche die ArbeiterInnen mit dem Staat versöhnen sollten. Diese ungewollte und vorrangig aus politischem Kalkül entstandene Sozialgesetzgebung wird heute als größte innenpolitische Leistung Bismarcks und als Grundlage des Sozialstaates mit seiner Sozialgesetzgebung (SGB) angesehen, da sich diese aus der Reichsversicherungsordnung von 1911 und vormals aus den Arbeiterversicherungsgesetzen entwickelte (Schilling, 2012).

Die Sozialgesetze waren das Ergebnis eines Kompromisses zwischen der Arbeiterbewegung und den staatlichen und wirtschaftlichen Interessen. Diese Sozialgesetze stellen damals wie heute den gesamten Handlungsrahmen von Sozialer Arbeit dar und machen Soziale Arbeit somit auch zu einem Instrument staatlicher Sozialpolitik. Aus diesem Grund gehört es zu den Aufgaben einer professionellen Sozialen Arbeit, das damit verbundene politische Mandat zu verstehen und die Sozialgesetzgebung permanent zu reflektieren (Thole, 2012: 864). Eine politische Veränderung braucht eine professionelle und reflektierte Soziale Arbeit, welche sich der Entstehung und Umsetzung der Sozialgesetze bewusst ist, resp.: „Sozialarbeit, die sich als sozialpolitische Akteurin betätigen will, nicht im Dienst des Wettbewerbsstaates, sondern bewusst und im Interesse ihrer KlientInnen, muss sich selbst als Faktor im Spiel der gesellschaftlichen Kräfte erkennen" (Roer, 2010: 43). Es wird deutlich, dass soziale Bewegungen und Soziale Arbeit das Aufgreifen gesellschaftlicher Widersprüche und sozialer Probleme gemeinsam haben. Trotz dieser Gemeinsamkeiten und der historischen Verbundenheit haben einige Personengruppen in den sozialen Bewegungen die Soziale Arbeit teilweise auf Grund ihrer politischen Instrumentalisierung abgelehnt und kritisiert. Teile der Arbeiterbewegung sahen z. B. die Wirkung der Sozialen Arbeit als „Schwächung ihres revolutionären Potentials" (Wagner, 2009: 14) an. Die alte Frauenbewegung kritisierte vor allem die „fehlende Kenntnisnahme von Ursachen der Marginalisierung und Diskriminierung" sowie „eine zunehmende Veränderung und Anpassung auf eine Individuen gerichteten Arbeit" (Wagner, 2009: 15). Demnach verschleiert die Soziale Arbeit den Zusammenhang von Politischem und Privatem, so z. B. in Form von Einzelfallhilfe und der daran geknüpften Vermutung, dass die Hilfebedürftigkeit selbstverschuldet ist und es keine gesellschaftlichen Ursachen dafür gäbe. Als weiteres Beispiel kann auch der Bereich der Kinder- und Jugendhilfe herangezogen werden, bei dem die Veränderungen ebenso nur auf

1.4 Methodisches Vorgehen

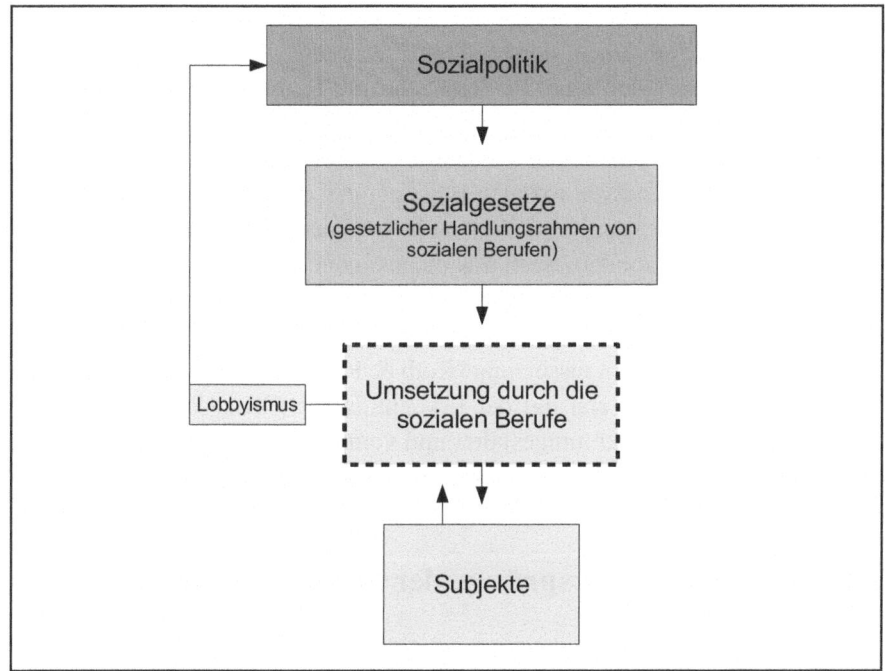

Abbildung 1: Sozialpolitik Umsetzungsschema (eigene Darstellung)

Seiten des Individuums erfolgen sollen, ohne die gesellschaftlichen Ursachen der Problemlage mit zu betrachten. Aus der Perspektive der sozialen Bewegungen war Soziale Arbeit demnach nicht nur unpolitisch, sondern sogar hinderlich (Wagner, 2009). Diese Art der Kritik ist auch heute noch berechtigt, vorausgesetzt, dass Soziale Arbeit nur in eine Richtung politisch funktioniert (Top-down-Prinzip) und die von anderen Professionen (damit einhergehend auch ein anderes Verständnis von Gesellschaft) geplante Sozialpolitik umsetzt. Derzeit sind es nur zwei der 631 Abgeordneten im Bundestag 2014, welche ein Studium der Sozialen Arbeit absolviert haben (Deutscher Bundestag – Renate Künast, 2014, sowie Martin Patzelt, 2014). Eine professionelle und reflektierte Soziale Arbeit hätte die Möglichkeit, aus diesem politischen Einwegprozess einen aktiven Austauschprozess zu machen – zur Verdeutlichung, s. Abbildung 1.

Bei dieser Art der Betrachtung darf nicht übersehen werden, dass die Sozialgesetze zwar den kompletten Handlungsrahmen von Sozialer Arbeit bestimmen, jedoch nicht zwingend der Sozialen Arbeit den Umgang mit gesellschaftlichen Problemen vorschreiben. Wie mit den gesellschaftlichen Problemen umgegangen wird, ist demnach eine Hauptaufgabe der Sozialen Arbeit, unabhängig davon, ob sich die SozialarbeiterInnen dessen bewusst sind oder nicht. Die Abbildung verdeutlicht außerdem, dass die Soziale Arbeit zusammen mit anderen sozialen Bewegungen die gesellschaftlichen Probleme thematisieren kann, und dies nicht nur aus einer klientenzentrierten Überlegung heraus, sondern auch aus einer eigenen sozialarbeiterzentrierten Sicht. Damit Kritik jedoch überhaupt erst einsetzen kann, ist die Erkenntnis, dass die „… Gesellschaft als veränderbar begriffen wird" (Wagner, 2009: 11), eine notwendige Voraussetzung (Roth & Rucht, 2008). Eine soziale Bewegung kann demnach erst mit der Erkenntnis entstehen, dass die Verhältnisse in einer Gesellschaft umgestaltet und verändert werden können, wie die Beispiele der Frauen- und Arbeiterbewegung eindrucksvoll gezeigt haben.

2.1 Entwicklungsursprünge der Sozialen Arbeit

Bei der Betrachtung der Beziehungen zwischen Sozialer Arbeit und sozialen Bewegungen wurde die sozialpolitische Vergangenheit deutlich, welche permanent in der Ausübung von SozialarbeiterInnen zum Ausdruck kommt und einen wesentlichen Teil der Profession ausmacht. Die Bedeutung dieser Vergangenheit ist, bedingt durch den Handlungsrahmen der Sozialgesetzgebung, für die Soziale Arbeit hoch aktuell. Die Vernachlässigung der Thematisierung um die politische Dimension von Sozialer Arbeit hat eine unkritische und unpolitische Soziale Arbeit zur Folge, wie im Folgenden verdeutlicht wird. Dabei wird unter anderem die Kritikfähigkeit an aktuellen gesellschaftlichen Problemlagen gehemmt und dadurch die Herausbildung einer sozialen Bewegung erschwert. Dieser Entwicklungsursprung ist jedoch historisch betrachtet nur einer von zwei Ursprüngen, welche die aktuellen sozioökonomischen Verhältnisse und damit die Faktoren für eine Herausbildung einer sozialen Bewegung in dieser Berufsgruppe maßgeblich beeinflussen. Diese zwei wesentlichen Entwicklungsursprünge werden im Weiteren als „Mildtätigkeit und Barmherzigkeit" sowie „Stabilisierung und Sicherung" bezeichnet und sollen im Folgenden näher konkretisiert werden.

2.1.1 Entwicklungsursprung I – Mildtätigkeit und Barmherzigkeit

„Ein Studium der Sozialarbeit und Sozialpädagogik, das geschichtslos vermittelt wird ... bleibt weitgehend nur an der Oberfläche seiner Professionalisierung" (Zeller, 1994, zit. n. Schilling, 2012: 16) und würde zentrale Folgen der damals wie heute bestimmenden Faktoren, bedingt durch die Entwicklungsgeschichte, vernachlässigen. Die Geschichte der organisierten sozialen Tätigkeitsbereiche geht historisch mindestens bis auf das 12. Jahrhundert zurück, mit seinem Almosenwesen im Mittelalter. Im 14. bis 16. Jh. Entwickelte sich das Almosenwesen weiter zur Armenpflege in der Neuzeit bis zum Ende des Absolutismus und Beginn der Aufklärung. Im 19. Jh. wandelte sich die Armenpflege in eine Armenfürsorge zur Zeit der Industrialisierung (in Deutschland, in anderen Teilen Europas bereits früher, z. B. England im 18. Jh.).

Mit Beginn des 20. Jh. begann die Professionalisierung in diesem Bereich. So wurde zunächst aus der Wohlfahrtspflege die Sozialpädagogik und Sozialarbeit und später die „Soziale Arbeit" (Schilling, 2012). Im Brockhaus wird „Sozialarbeit" und „Sozialarbeiter" folgendermaßen definiert:

Sozialarbeit: „historisch in der Nachfolge von Armenhilfe, Fürsorge und Wohlfahrtspflege entstandener Begriff, dem lange diejenigen beruflichen Tätigkeiten zugeordnet wurden, mit denen Menschen in bes. schwierigen Lebenssituationen materiell, d. h. durch Geld und Sachleistungen, unterstützt werden. Die Ursprünge der Sozialarbeit liegen in den ehrenamtlichen Tätigkeiten der spätmittelalterlichen Armenpfleger ... Heute werden die sozialen Tätigkeiten, die sich historisch aus sozialpädagogischen und fürsorglichen Handlungsfeldern entwickelt haben, unter der einheitlichen Bezeichnung »soziale Arbeit« zusammengefasst". (Zwahr, 2006: 585 ff.)

Sozialarbeiter: „i. e. S. Absolvent einer Fachhochschule für Sozialarbeit; das Studium ist ähnlich aufgebaut wie das zum »Sozialpädagogen«. I. w. S. jeder, der eine berufliche Tätigkeit im Bereich der »sozialen Arbeit« ausübt". (Zwahr, 2006: 586)

In dieser Entwicklungsgeschichte waren die Aufsuchenden von jeher vor allem männlich und die Fürsorge in erster Linie weiblich (Sachße, 2011). Bedingt durch diese Geschichte, ist die Soziale Arbeit immer geprägt gewesen von:

- Ehrenamt,
- einer Feminisierung
- und einer zentralen Klientenzentrierung.

Diese Faktoren bestimmen nach wie vor die aktuelle Entwicklung der sozialen Arbeit und die Erwartungen der Beteiligten auf beiden Seiten (die SozialarbeiterInnen und die Gesellschaft). Deutlich wird dies in Kapitel 3.2, zusammen mit den resultierenden Folgen für die Herausbildung einer sozialen Bewegung.

2.1.2 Entwicklungsursprung II – Stabilisierung und Sicherung

Die gesellschaftsstabilisierende und systemsichernde Aufgabe von Sozialer Arbeit wird noch stärker aus der Perspektive von Marx betont. Nach Marx manifestiert sich in der sozialen Arbeit der Klassenkampf selbst (Carillo, 2013). Demnach gibt es zwei Gruppen von Personen in einer Gesellschaft. Carillo (2013: 86 ff. sinngemäß übersetzt) beschreibt diese beiden Gruppen folgendermaßen: Eine Gruppe installiert das normative System, bei dem nur die grundlegendsten Bedürfnisse zur Befriedigung der anderen Gruppe gedeckt werden müssen, während die andere Gruppe marginalisiert und möglichst ohne persönliche Ressourcen die zunehmende Ausbeutung, bedingt durch den Kapitalismus, hinnimmt und erträgt.

In diesem Konflikt übernimmt die Soziale Arbeit die Vermittlung zwischen diesen beiden Gruppen, wobei die eine Gruppe den Elitegedanken und ihre Privilegien in der sozialen Struktur verteidigt und verteidigen kann und die andere Gruppe dazu nicht in der Lage ist und auch nicht dazu befähigt wird. Ausgehend von dieser Dialektik kann die Soziale Arbeit von zwei entgegengesetzten Bewusstseinsebenen aus agieren und politisch handeln: Entweder ist Soziale Arbeit ein bewusster Akteur zur Beeinflussung der Massen zusammen mit den systemimmanenten Problemen aus den kapitalistischen Widersprüchen oder aber Soziale Arbeit ist ein professioneller Ignorant von Ungerechtigkeit und unterstützt die Reproduktion und Selbsterhaltung des Systems unbewusst. Je nach Bedarf an Befriedigung der grundlegendsten Bedürfnisse können diese durch die Soziale Arbeit individuell dosiert werden und somit für die Aufrechterhaltung des sozialen Gleichgewichts sorgen.

2.1 Entwicklungsursprünge der Sozialen Arbeit

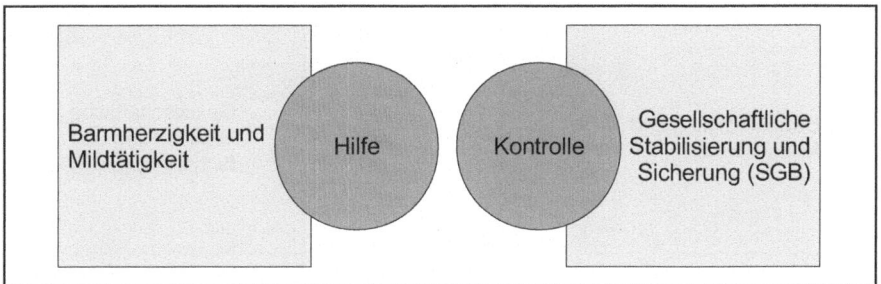

Abbildung 2: Doppelmandat (eigene Darstellung)

Zusammenfassend könnte die Wirkung der sozialen Arbeit nach Carillo als „anaesthetise the population from the origin of is problems" (Carillo, 2013: 87) bezeichnet werden. Demnach wäre die Wirkung von Sozialer Arbeit nichts weiter als eine Methode zur Ruhigstellung der Massen. Dieser Logik folgend, ist die Entwicklung des Sozialwesens der Preis, welcher durch die kapitalistischen Profiteure zur Wahrung der politischen Stabilität aufzubringen ist. Mit anderen Worten: Die Kosten des Sozialwesens sind der Preis für die Aufrechterhaltung und Zuspitzung einer zunehmend ungleichen Gesellschaft, welcher zur Stabilisierung und Sicherung der gesellschaftlichen Verhältnisse erbracht werden muss. Die sozialen Probleme in der Gesellschaft sind demnach zurückzuführen auf die Ausbeutung der Arbeiterklasse, welche die Gewinne von Wenigen maximiert. Aus dieser Perspektive stellt die Soziale Arbeit nur eine Verschleierungsmethode dar, welche die zunehmenden Verschlechterungen in einer Gesellschaft verdeckt und mitträgt, ungeachtet dessen, ob dies bewusst oder unbewusst geschieht.

Infolge dieser beiden divergierenden Entwicklungsursprünge befindet sich die Soziale Arbeit in einem permanenten Spannungsverhältnis zwischen Hilfe und Kontrolle, welches auch als Paternalismus, Strukturdilemma oder Doppelmandat bekannt ist. Zur Verdeutlichung soll Abbildung 2 dienen.

Die hellgrauen Quadrate beinhalten hierbei die zwei Entwicklungsursprünge, während die dunkelgrauen Kreise den darin begründeten Handlungsrahmen von Sozialer Arbeit wiedergeben.

Trotz dieses immanenten Spannungsverhältnisses stehen sich diese Entwicklungsursprünge in einem Punkt nicht gegenüber, sondern bilden eine gemeinsame Schnittmenge in ihrer teilweise entpolitisierenden Wirkung,

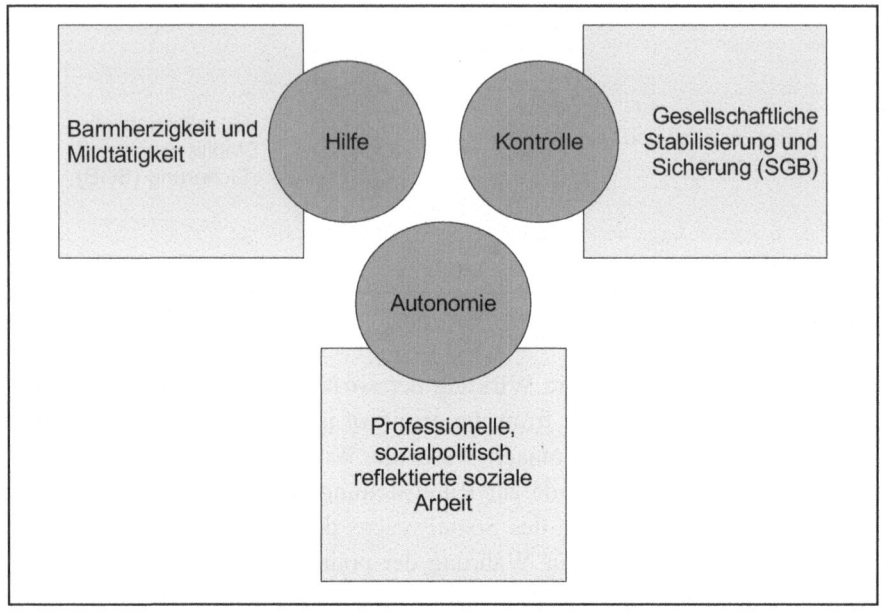

Abbildung 3: Trippelmandat nach Staub-Bernasconi (eigene Darstellung)

sowohl auf die Gesellschaft (Entwicklungsursprung II), als auch auf die SozialarbeiterInnen selbst, bedingt durch die Klientenzentrierung, resp. die damit einhergehende individualisierende Problemkonstruktion (Entwicklungsursprung I). Damit eng verbunden, steht auch die Professionalisierung in der Sozialen Arbeit im Verdacht, zur Entpolitisierung in der Sozialen Arbeit wesentlich beigetragen zu haben und zwar auf Grund der zunehmenden Methoden- und Klientenzentrierung in der Ausbildung und im Beruf. Damit einhergehend führte dies zur Vernachlässigung der politischen Dimension von Sozialer Arbeit (Seeck, 2008, Schimpf, 2012: 9, Stapf-Finé, 2013: 32). Die Thematisierung dieser entpolitisierenden Neigungen gehört somit, aufgrund ihrer Folgen für die Profession und die Arbeitsbedingungen (Kap. 3.2) in der sozialen Arbeit zur Verantwortung der Hochschulen. Staub-Bernasconi erweitert in diesem Sinne das Strukturdilemma oder Doppelmandat um ein weiteres Mandat (das eigene): die Autonomie von SozialarbeiterInnen (Staub-Bernasconi, 2007, zit. n. Wolf, 2014: 12), welche als Konsequenz einer professionellen und reflektierten sozialen Arbeit entsteht. Eine moderne Darstellung der Mandatsübersicht sähe wie in Abbildung 3 dargestellt aus.

Zusammenfassend wird deutlich, dass die Entwicklungsursprünge zu einer Entpolitisierung führen können, wenn die politische Dimension der sozialen Arbeit in der Ausbildung oder im Beruf nicht erörtert werden. Diese Entpolitisierung kann einen Beitrag dazu leisten, die Herausbildung einer sozialen Bewegung zu hemmen. Welche weiteren Faktoren darüber hinaus die Herausbildung einer sozialen Bewegung beeinflussen und wie eine soziale Bewegung definiert wird, wird im Weiteren anhand der Geschichte von sozialen Bewegungen verdeutlicht.

2.2 Soziale Bewegungen

„Viva la France" war eine der berühmtesten Kampflosungen der Französischen Revolution, welche die Epoche der Aufklärung einleitete und als erste große „soziale Bewegung" in die Geschichte einging. Doch was unterscheidet die Französische Revolution z. B. vom berühmten Spartacus-Aufstand im Jahre 73 v. Christus? Es ist der Anspruch einer sozialen Bewegung auf Gestaltung von gesellschaftlichem Wandel. So definieren Roth und Rucht eine soziale Bewegung in Abgrenzung zu anderen Protestbewegungen folgendermaßen: „Von Bewegungen sprechen wir erst, wenn ein Netzwerk von Gruppen und Organisationen, gestützt auf eine kollektive Identität, eine gewisse Kontinuität des Protestgeschehens sichert, das mit einem Anspruch auf Gestaltung des gesellschaftlichen Wandels verknüpft ist, also mehr darstellt als bloßes Neinsagen" (Roth & Rucht, 2008: 13). Dabei stellt sich jedoch die Frage, ob es überhaupt eine soziale Bewegung ohne eine gesellschaftlich relevante Forderung geben kann. Auch wenn der Spartacus-Aufstand keine expliziten Forderungen stellte, war er trotzdem ein Ausdruck gegen die Sklaverei, gegen Unterdrückung und für ein eigenbestimmtes Leben. Somit zeigen solche Bewegungen immer den Wunsch nach einem gesellschaftlichen Wandel an, bei dem diese sowohl ein Produkt der bestehenden Gesellschaft sind als auch zu einem Produzent einer neuen Gesellschaft werden. Insofern sind soziale Bewegungen sowohl das Ergebnis von gesellschaftlichen Problemlagen (Structural Strains Approach), als auch im selben Moment Erzeuger von gesellschaftlichen Veränderungen.

Hierdurch können soziale Bewegungen auch als Träger von Demokratisierungsprozessen bezeichnet werden, welche abhängig von verschiedenen politischen Faktoren zugelassen oder gehemmt werden (Political Opportunity Approach). Der demokratische Grundgedanke, welcher eine soziale Bewegung zulässt, wird jedoch nicht automatisch von den Bewegungen selbst geteilt, wie z. B. bei rechtsextremen Bewegungen. Zudem kommt es ebenfalls nicht automatisch zu großen gesellschaftlichen Veränderungen. Vielmehr sind soziale Bewegungen als Anzeichen von gesellschaftlichen Umbruchprozessen und sozialem Wandel zu verstehen, welche auf ungelöste gesellschaftliche Probleme hinweisen. Eine soziale Bewegung kann auch als „Politik von unten" (Institut für Protest- und Bewegungsforschung, 2014) bezeichnet werden oder als „Feedback-Prozess" (Hellmann, 1998: 18), welcher rekursiv auf die bestehende Gesellschaft einwirkt und die notwendige politische Aufmerksamkeit erzeugt.

Der Beginn einer sozialen Bewegung ist meist unspezifisch und lässt sich nicht klar bestimmen. Gekennzeichnet ist diese von einer ständig fluktuierenden Teilnehmeranzahl und sie endet generell in einer Institutionalisierung oder aber löst sich auf, wobei „Bewegungsreste" (Wagner, 2009: 10) darüber hinaus bestehen bleiben können.

Trotz dieser Erkenntnisse in der Soziologie der sozialen Bewegungen, die auch einfach „Bewegungsforschung" genannt wird, sind nach Raschke die theoretischen Defizite bei der Erklärung sozialer Bewegungen erstaunlich für ein Land, das diesbezüglich die ersten großen Theoretiker hervorgebracht hat, wie Marx und Engels. Die Erklärung hierfür hat zwei Ursachen: Zum einen gab es über viele Jahre hinweg einen wissenschaftlichen Traditionsabbruch, bedingt durch den Faschismus, zum anderen ein tief verwurzeltes inneres Misstrauen gegenüber sozialen Bewegungen in Deutschland, bedingt durch Kriege und ebenfalls den Faschismus. Dies hat in der Bevölkerung zu starken Verunsicherungen gegenüber sozialen Bewegungen geführt und den Wunsch nach Ruhe, Ordnung und Stabilität verstärkt. (Raschke, 1988)

2.2.1 Soziale Bewegungen ab der Nachkriegszeit

Die Betrachtung von sozialen Bewegungen ist, bedingt durch zwei Weltkriege und den Faschismus, erst ab der Nachkriegszeit wieder möglich. Roth und Rucht nehmen in ihrem Buch „Die sozialen Bewegungen in Deutschland

2.2 Soziale Bewegungen

seit 1945" eine in zeitlichen Etappen gegliederte Aufteilung vor, da sich die sozialen Bewegungen in ihren Strukturen in verschiedenen zeitlichen Abschnitten ähnelten, aber jeweils ein unterschiedliches Verständnis des Begriffes „soziale Bewegung" vorlag. In den Jahren zwischen 1945 bis ungefähr 1960 war das Verständnis stark angelehnt an die vorangegangenen historischen Sozialbewegungen wie die Arbeiterbewegung, die Frauenbewegung oder auch die faschistische Mobilisierung. Mit diesem Verständnis wurden auch die Parteienlandschaft und die Verbände als Ergebnis der historischen sozialen Bewegungen angesehen. Hingegen wurde sozialen Bewegungen, welche diesem traditionellen Bild nicht entsprachen, der Begriff „soziale Bewegung" verwehrt und damit einhergehend die Anerkennung und Wertschätzung vorenthalten. Zwischen 1960 und 1970 hat vor allem die Außerparlamentarische Opposition (ApO) versucht, sich von den tradierten Vorstellungen über Sozialbewegungen abzugrenzen, und wurde zu einer der berühmtesten sozialen Bewegung jener Zeit. Zu einem Synonym für die ApO wurde der Begriff „Studentenbewegung", da es hauptsächlich Studierende waren, welche sich engagierten und protestierten gegen die Notstandsgesetze und den Vietnamkrieg. Ihren traurigen Höhe- und Wendepunkt fand die Studentenbewegung in der Ermordung des Studenten Benno Ohnesorg, am 2. Juni 1967 durch einen Polizisten. Für einige Personen dieser Bewegung hatte dies eine katalysierende Wirkung. Ab diesem Zeitpunkt begann sich der größte Teil der Bewegung aufzulösen und ein kleiner Teil radikalisierte sich. Die radikalste Form bildete in dieser Zeit die Rote Armee Fraktion (RAF). Hieran wird deutlich, wie sehr sich der Charakter einer sozialen Bewegung innerhalb relativ kurzer Zeit verändern kann. Dementsprechend fiel es sowohl den AkteurInnen, als auch der Wissenschaft schwer, diesbezüglich eine angemessene Definition zu bestimmen. Erst in den Jahren 1970 bis 1990 entstand durch neue konzeptionelle Ansätze und ein immer deutlicheres Leitthema („Demokratisierung") eine klarere Vorstellung von sozialer Bewegung. Im Wesentlichen ist diese auf die Bemühungen der neuen sozialen Bewegungen (NSB) selbst zurückzuführen. Ab Mitte der 1980er Jahre wurden die sozialen Bewegungen aufgrund einer veränderten Sichtweise zunehmend positiver konnotiert und fanden im Sinne einer „Anerkennung von Pluralität" mehr Zuspruch in der Gesellschaft (Roth & Rucht, 2008: 637). In diesem Sinne fassten zu Beginn der 1990er Jahre die NSB die thematische Verschiedenheit von sozialen Bewegungen zusammen zu einem Leitthema, welches übergreifend im Kern als Demokratisierung bezeichnet wurde. Diese politische Eindeutigkeit ging in den Jahren von 1990 bis 2000 verloren, da zunehmend weitere Mobilisierungen aufkamen, geleitet von rechtsradikalen und ausländerfeindlichen Aktivitäten. Diese orientierten sich zunehmend an den Methoden der Arbeiterbewegung, der ApO und der NSB, indem sie Kundgebungen am 1. Mai abhielten oder zivilgesellschaftliches Engagement imitierten, wie z. B. Sozialberatung und Jugendarbeit (Roth & Rucht, 2008: 637). Trotz der Bemühungen von rechter und linker Seite, soziale Bewegungen ausschließlich für sich selbst zu beanspruchen, blieben diese politischen Versuche der Inanspruchnahme immer erfolglos und somit offen als Strategie für alle AkteurInnen. Diesbezüglich ist jedoch die Mobilisierung von AktivistInnen nur ein Merkmal neben weiteren, welche für eine soziale Bewegung erforderlich sind. Heute geht man von vier charakteristischen Eigenschaften aus (Roth & Rucht, 2008: 638, leicht verändert):

- Anspruch auf gesamtgesellschaftliche Veränderung
- Zusammenschließen von Akteuren zu einem Netzwerk
- Kollektive Identität
- Protesthandlung als konstituierendes Merkmal

Diese vier Charakteristika sind demnach notwendige Voraussetzungen zur Bildung einer sozialen Bewegung. Im Weiteren werden bei der Untersuchung der Forschungsfrage, warum sich in der Sozialen Arbeit keine Bewegung formiert, lediglich die drei erstgenannten Merkmale zugrunde gelegt, da erst bei einer ausreichenden Herausbildung eine Protesthandlung als Folge angenommen werden kann.

Neben obiger Definition einer sozialen Bewegung wurde seit den 1980er Jahren auch hinsichtlich der Erklärungsmodelle mehr Klarheit erlangt. In den letzten Jahren haben sich hierbei verschiedene Paradigmen für die Erklärung von sozialen Bewegungen entwickelt, welche im folgenden Kapitel separat erörtert werden und als Grundlage für die anschließende Analyse der Forschungsfrage dienen.

2.3 Paradigmen der Bewegungsforschung

Der aktuelle Forschungsstand der Bewegungsforschung geht von insgesamt fünf Paradigmen zur Erklärung von sozialen Bewegungen aus. Jeder dieser Ansätze wurde induktiv durch die Entwicklung bisheriger sozialer Bewegungen erschlossen und zur Theoriebildung deduktiv genutzt. Die folgende Zusammenfassung stellt lediglich eine Übersicht dar. Dabei kann die Reihenfolge der vorgestellten Ansätze beliebig vertauscht werden, da es bislang keine Erkenntnisse darüber gibt, dass einer der Ansätze von größerer Bedeutung wäre als ein anderer. Die Leistungsfähigkeit der einzelnen Ansätze hinsichtlich ihrer Erklärungskraft wird in der Fachwelt kontrovers diskutiert; dennoch „scheint das Spektrum der relevanten Erklärungsfaktoren erstmals abgedeckt zu sein" (Hellmann, 1998: 229). Damit ist davon auszugehen, dass sich alle fünf Ansätze ergänzen und prinzipiell miteinander vereinbar sind.

Ziel ist es dabei, die Faktoren in einer anschließenden Übersicht darzustellen, damit diese im dritten Kapitel hinsichtlich der Folgen, die sich aus den sozioökonomischen Verhältnissen der Berufsgruppe der sozialen Arbeit ergeben, analysiert und interpretiert werden können.

2.3.1 Structural Strains Ansatz

Mit diesem Erklärungsansatz, welcher soziale Bewegungen mit der Gesellschaftsstruktur verknüpft, sind zwei Ebenen gemeint: zum einen „inwiefern die Gesellschaftsstruktur selbst Anlass ist für Protest und soziale Bewegung" (Hellmann, 1998: 17) und zum anderen „die Bedeutung der sozialstrukturellen Mobilisierungsbasis" (Hellmann, 1998: 18). Diese Art der Betrachtung geht auf Marx zurück, der die gesellschaftlichen Strukturen des Kapitalismus stets als Ursache für gesellschaftliche Spannungen angesehen hat. Nach Marx befindet sich jede Gesellschaft in einem permanenten Spannungsverhältnis, bedingt aus dem Widerspruch von Kapital und Arbeit, welches zu Protesten und sozialen Bewegungen führt. Demzufolge sind soziale Bewegungen und Proteste das logische Resultat aus struktureller Dysfunktionalität und Teil eines sozialen Wandels in der Gesellschaft. Darüber hinaus müssen aber auch individuelle Gründe für eine Mobilisierung vorhanden sein. Dazu gehören Verlusterfahrungen und Verunsicherungen des sozialen Status sowie die Nachteilswahrnehmung durch den Vergleich mit anderen. Beide Ebenen führen letztlich „auf die Frage nach der Sozialstruktur" (Hellmann, 1998: 18) hinaus. Bei der Anhängerschaft von sozialen Bewegungen handelt es sich somit nicht nur um Individuen, welche aus Deprivationserfahrungen oder aus einer Nachteilswahrnehmung heraus bereit sind zu protestieren, sondern es werden ganze Netzwerke aktiviert, bei denen die Individuen bereits vorher Kontakte untereinander aufwiesen und sich gegenseitig mobilisierten. Es kommt also zu einer Mobilisierung von Netzwerken, welche weitere Netzwerke mobilisieren. Innerhalb dieses Prozesses rücken die persönlichen Gründe (z. B. Deprivationserfahrungen) von Netzwerk zu Netzwerk in den Hintergrund. Stattdessen wird aus Solidarität an der sozialen Bewegung teilgenommen. Die Arten der mobilisierten Netzwerke sind dabei häufig verschieden: Es können Freundschafen sein, Vereinsmitgliedschaften, Szenebekanntschaften, subkulturelle Zugehörigkeiten. Die meisten sozialen Bewegungen verfügen über eine entsprechende sozialstrukturelle Mobilisierungsbasis (Hellmann, 1998: 18). Nicht selten wird daher innerhalb dieses Ansatzes eine Verbindung zwischen der Sozialstruktur und der kollektiven Identität gezogen (Hellmann, 1998: 19).

Im weiteren Verlauf der Arbeit wird überprüft, inwiefern eine solche sozialstrukturelle Basis auch für die Soziale Arbeit ausgemacht werden kann. Zudem wird betrachtet, ob ein gesellschaftlicher Anlass für die Mobilisierung der Angehörigen der Sozialen Arbeit als gegeben vorausgesetzt werden kann.

2.3.2 *Collective Identity Ansatz*

„Wenn wir von kollektiver Identität sprechen, so behaupten wir eine gewisse Ähnlichkeit der Angehörigen einer Gemeinschaft im Unterschied zu den Außenstehenden." (Giesen & Seyfert, 2013: 39). Es geht demnach um die Konstruktion von einem „Wir" in Abgrenzung zu einem „Die". Diesbezüglich ist dieser Ansatz eng verbunden mit dem Ansatz des Framing, da es sich hierbei ebenfalls um eine Konstruktions- und Kommunikationsleistung handelt. Ziel ist es, in der Bewegung eine Verbundenheit durch Identifikation und die Herstellung einer Einheit zu schaffen.

Im Gegensatz zu dem Framing Ansatz wird jedoch hier neben der Problemdimension auch noch Bezug genommen auf eine Sozialdimension, im

Sinne von Zugehörigkeit und Nichtzugehörigkeit bzw. Inklusion und Exklusion der Anhänger der sozialen Bewegung. Die Zuordnungen funktionieren dabei auf zwei Wegen: Eigendefinition oder Fremddefinition bzw. Zuschreibungen. Beispiele von häufigen Aufteilungscharakteristika bei der Konstruktion von einem „Die" und einem „Wir" sind: Nation, Ethnie, Kultur oder Sprache. In diesem Zusammenhang besteht seit Jahren in Deutschland ein Diskurs über eine nationale Identität. Dabei geht es im Kern um die Frage, ob eine nationale Identität existiert, nicht existiert oder überhaupt existieren darf. Weitere typische Aufteilungsmerkmale sind z. B.: Klasse oder Milieu. Trotz des einfachen Mechanismus, nach dem die Zuschreibungen erfolgen, entzieht sich kollektive Identität bisher jeder klaren Definition und Beschreibung, da jeder Versuch als unvollständig und verzerrt zurückgewiesen werden kann, weil die Konstruktion stets von individuellen Faktoren abhängig ist. Damit bleibt die „kollektive Identität eine unaufhebbar uneindeutige und vage Angelegenheit" (Giesen & Seyfert, 2013: 39). Dass hinter dieser Unklarheit in der Konstruktion eine individuelle Notwendigkeit besteht, zeigt der Aspekt des „leeren Signifikanten" (s. u.). Die Konstruktion einer kollektiven Identität bedarf zweierlei Voraussetzungen: Dazu gehören zum einen ein Diskurs, der diese normativ herstellt und gedanklich entstehen lässt, und zum anderen soziale Praktiken, wodurch das Kollektiv erst lebensweltlich erfahrbar wird. Auf der diskursiven Ebene sind Gründungsmythen wesentlich. Gemeint ist damit eine Geschichtsschreibung, deren Teil Schicksalsgemeinschaften, Legendenbildung oder auch Heldenerzählungen sind, mit dem Ziel, die Gemeinschaft zu vereinen.

Voraussetzung hierfür ist ein möglichst kritikfreier Glaube an die Gemeinschaft oder ein Ziel. Denn jede kritische Betrachtung würde zu Zweifeln am Kollektiv führen und damit den Prozess der Identifizierung erschweren. Dieser Prozess wird auch als „Arbeit am Mythos" bezeichnet, welcher notwendig ist zur Konstruktion des Kollektivs. Erst dann beginnt es, gedanklich zu existierten und erkennbar zu werden. Die Arbeit am Mythos ist dabei ein wesentlicher Unterstützungsprozess, welcher zum einen auf vergangenen Mythen beruht, aber zur Fortexistenz durch Praktiken und Diskurse ständig reproduziert werden muss (Giesen & Seyfert 2013). Bei den Praktiken geht es um den Wiedererkennungswert, die Erfahrbarkeit des Kollektivs und die Manifestation des Mythos im Konkreten. Dies geschieht beispielsweise durch: Rituale, Symbole, Zeichen, Kleidungsmoden oder auch Denkmäler,

Erzählungen und Lieder. Des Weiteren können Orte des Zusammentreffens bedeutsam werden, wie z.B. bewegungsspezifische Kneipen, Szenetreffs, Musikveranstaltungen oder öffentliche Plätze. Prozessual betrachtet, geht es dabei um das Miteinander, bei welchem sich die Bewegungsanhänger gegenseitig bestätigen und den Mythos permanent reproduzieren. Ein Kollektiv wird also nur erfahrbar, wenn es diskutiert und auch praktiziert wird.

Darüber hinaus ist eine interaktionsübergreifende Verständigungsbasis in Form eines Massenmediums für eine „bewegungsloyale Thematisierung und Kommentierung der Ereignisse" (Hellmann, 1998: 20) von großer Bedeutung. Gerade dieser Aspekt wurde in den letzten Jahren immer stärker diskutiert, da Facebook, Twitter und anderen sog. sozialen Medien innerhalb sozialer Bewegungen eine entscheidende Rolle zugewiesen wurde. „Als die ägyptische Armeeführung am 11. Februar 2011 die Absetzung Husni Mubaraks bekanntgab, wurde dieser Diktatorsturz vielerorts als *Facebook*-Revolution gefeiert." (Richter, 2013: 37) Ein anderes Beispiel bietet die Occupy-Bewegung von 2011, welche sich ebenfalls stark auf die Kommunikation durch die sozialen Medien konzentrierte (Rucht, 2013: 133). Rucht beschreibt die Fokussierung der Bewegung auf das Internet als „Überschätzung der Rolle des Internet als ein Instrument der politischen Mobilisierung, relativ zu konventionellen sozialen Netzwerken wie Familie, Freundeskreis, Nachbarschaft Gewerkschaften etc." (Rucht, 2013: 133). Beide Experten kommen in ihrer Analyse unabhängig voneinander zu dem Schluss, dass soziale Medien zwar keine besondere Bedeutung für den Erfolg der sozialen Bewegung hatten, sehr wohl aber für die Mobilisierung von Bewegungsteilnehmern zunehmend wichtig geworden sind.

Ebenfalls von großer Bedeutung ist die initiierende und produktive Basis des Organisationsprozesses. Dieser ist oft von wenigen Persönlichkeiten abhängig (s. auch Resource Mobilization Ansatz oder Framing Ansatz). In diesem Ansatz ist die „Totalität der Ansprüche und die Einbindung aller auf ein Ziel hin, also die Konzentration auf eine Einheit" (Hellmann, 1998: 20), von zentraler Bedeutung. Bei dem Verständnis von Einheit hat in den letzten Jahren die Begrifflichkeit des „leeren Signifikanten" an Bedeutung gewonnen. Hierbei handelt es sich um eine individuelle Unbestimmtheit, welche frei nach persönlichen Motiven des Individuums mit dem Kollektiv oder Einheit konnotiert wird und der Einheit aus Perspektive des Individuums Sinn zuweist (Giesen & Seyfert, 2013). Es bedarf demnach

2.3 Paradigmen der Bewegungsforschung

eines gewissen Spielraums der Interpretation durch das Individuum bei der Zuschreibung von Sinn und Zweck des Kollektivs. Interessanterweise beschreibt Bader bereits 22 Jahre früher das Verhältnis zwischen Herausbildung einer kollektiven Identität und der analytischen Betrachtung des Bezugsrahmens als umgekehrt proportional (Bader 1991: 104, zit. n. Hellmann, 1998: 20). Die individuelle Konnotation des leeren Signifikanten erfolgt dabei auf drei Wegen (Hein-Kircher, 2013: 38, leicht verändert):

1) Identifikation auf kognitiver Ebene: Ergebnis eines Abwägungsprozesses aus sinnvollen Gründen
2) Identifikation auf kultureller Ebene: Sozialisation in ein kulturelles Geflecht aus Werten, Normen und Institutionen
3) Identifikation auf einer affektiv-emotionalen Ebene: Verbundenheits- und Zugehörigkeitsgefühle auf einer emotionalen Ebene, da diese nicht zwingend „gute Gründe" oder eine Idee von kultureller Gemeinsamkeit brauchen

Wie bereits ersichtlich wird, ist die individuelle Identität für die kollektive Identität von großer Bedeutung. Dahingehend wurde 2012 eine größere Untersuchung von Hasan Kirmanoglu und Cem Baslevant durchgeführt. Diese versuchten individuelle Faktoren zu identifizieren, welche für ein gesellschaftspolitisches Engagement mitverantwortlich sind. Grundlage der Daten war die vierte Runde des European Social Survey, an dem 29 Länder teilnahmen, und insgesamt 56.752 Fälle analysiert wurden. Die ausgewerteten Items beziehen sich dabei auf die Grundlagen von Schwartz´ Theorie aus dem Jahr 1992 über die persönlichen Werte, welche im Kontext von gewerkschaftlicher Mitgliedschaft relevant sind. Im Ergebnis wurden folgende individuelle Charakteristika als signifikant identifiziert: „selftranscendence" und „selfconservation" haben einen positiven Effekt, während „openness-to-change" und „self-enhancement" negative Effekte zeigen (Kirmanoglu & Baslevent, 2012: 687). Dieser Studie nach haben Personen eine höhere Wahrscheinlichkeit, sich gesellschaftspolitisch zu engagieren, wenn sie: a) über die eigene Verantwortung hinaus eine gesellschaftliche Verantwortung wahrnehmen im Sinne eines Universalismus und Wohlwollens (self-transcendence) und b) dazu ein Bedürfnis nach Sicherheit und Konformität verspüren (self-conservation). Dem gegenüber haben Personen eine niedrigere Wahrscheinlichkeit, wenn sie ein größeres Bedürfnis nach Leistungsanerkennung und Belohnung zeigen (self-enhancement) sowie eher selbstbestimmt handeln wollen und ein höheres Bedürfnis nach Stimulation aufweisen (consisting of stimulation and self-direction). Demzufolge besteht ein Spannungsverhältnis zwischen gesellschaftsverantwortlichem Handeln und den zunehmenden Individualisierungsprozessen (Kap. 3).

Weitere Faktoren, welche besonders die Konstruktion einer Einheit (das Zugehörigkeitsgefühl) und die Zuschreibungserfahrungen der Berufsgruppe beeinflussen, werden im Weiteren anhand der sozioökonomischen Daten zur sozialen Arbeit deutlich. Darüber hinaus sind aber nicht nur interne Faktoren der Bewegung von Bedeutung, sondern auch externe, wie die folgenden Ansätze darlegen.

2.3.3 Resource Mobilization Ansatz

In diesem Ansatz werden die zur Verfügung stehenden Ressourcen einer sozialen Bewegung betrachtet, da diese in hohem Maße über den Mobilisierungserfolg entscheiden. Wesentliches Element dieses Ansatzes ist die Bedeutung der Bewegungsorganisation, welche maßgeblich zum Mobilisierungserfolg beiträgt. Die Grundannahme lautet, dass es ohne eine Steuerung bzw. Koordination zu keiner Organisation kommt und ohne eine Organisation zu keiner Mobilisierung. Es die Aufgabe der Bewegungsorganisation, unter Einsatz der zur Verfügung stehenden Ressourcen eine Möglichkeit zu finden, die Gesellschaft zu mobilisieren. Sinnbildlich zu vergleichen ist dies mit der Glut einer unzufriedenen Gesellschaft und der Luftzufuhr durch die Bewegungsorganisation. Demnach ist die sinnbildliche Aufgabe der Bewegungsorganisation, das Feuer zu entfachen. Dies führt zu einer längerfristigen Mobilisierung und somit zu einer handlungsfähigen sozialen Bewegung und der bewegungsinternen Rationalität innerhalb der sozialen Bewegung (Hellmann, 1998: 22). Die Interaktionsmöglichkeiten und die Wirksamkeit sind jedoch abhängig von qualifiziertem Personal, materiellen Ressourcen, der aufgewendeten Zeit einzelner Personen und anderen Ressourcen. Besonders Netzwerkstrukturen, in diesem Fall Netzwerkressourcen, finden hier eine besondere Bedeutung, da diese ebenfalls auf den Mobilisierungs- und Aufmerksamkeitserfolg großen Einfluss haben (Hellmann, 1998: 23). Der Mobilisierungserfolg hängt demzufolge vom Interaktionsaufwand (abhängig

2.3 Paradigmen der Bewegungsforschung

von den genannten Ressourcen) und vom Ausmaß der Unzufriedenheit in der Gesellschaft ab. Dieser Ansatz verdeutlicht die Relevanz der Bewegungsorganisation, welche im weiteren Verkauf der Arbeit anhand des beruflichen Organisationsgrades in der sozialen Arbeit im Studium und in der Zeit danach (Kap. 3.2 und 3.3) abgelesen wird. Darüber hinaus werden anhand der statistischen Daten zur Arbeitszeit und den Entgelten die zeitlichen und materiellen Ressourcen in der Berufsgruppe geklärt. Von welchen weiteren externen Faktoren die Herausbildung einer sozialen Bewegung beeinflusst wird, zeigt der folgende Ansatz.

2.3.4 *Political Opportunity Structures Ansatz*

Eine soziale Bewegung verlässt in dem Moment die Selbstbezüglichkeit, wenn sie anfängt, politische Forderungen aufzustellen, was unumgänglich ist, wenn es zu gesellschaftlichen Veränderungen kommen soll. Die öffentliche Aufmerksamkeit übt massiven Einfluss auf die Chancen der sozialen Bewegung aus, sich zu artikulieren und Forderungen zu stellen. Bei jeder sozialen Bewegung sind demnach die Umweltbedingungen respektive die externen gesellschaftlichen Bedingungen von großer Relevanz. Diese können eine soziale Bewegung begünstigen, tolerieren oder behindern. Dies ist abhängig von den politischen Strukturen, nach dem Prinzip „Cui bono?" (aus dem Lateinischen sinngemäß: *wem nutzt es?* oder *für wen zum Vorteil?*). Davon abhängig, werden die Ressourcen bereitgestellt (z. B. Gelder in Form von Zuwendungen, Spenden, Fördermitteln oder auch MitarbeiterInnen), oder es wird repressiv auf die sozialen Bewegungen Einfluss genommen. Bei diesem Ansatz wird auch von dem „Gelegenheitsansatz" gesprochen, da es um die Frage geht, inwieweit die politischen Gelegenheiten günstig oder ungünstig für die soziale Bewegung sind. Von zentraler Bedeutung hierbei sind die politischen Strukturen (z. B. Wahlrecht, Staatsform, Parteiensystem) und die sonstigen Umweltbedingungen, welche nicht nur direkte Kontrolle über Ressourcen haben oder auch repressiv auf die soziale Bewegung einwirken können. Auch indirekt kann der Staat Einfluss nehmen, indem er Gegenbewegungen billigt oder gewähren lässt. Es handelt sich insofern um die Offenheit oder Geschlossenheit des politischen Systems. Hierbei sind jedoch nicht nur politische Umweltbedingungen gemeint, sondern darüber hinaus der Konsens oder Dissens von Eliten oder die Existenz oder Nichtexistenz von Verbündeten. Dabei kommt es bereits aufgrund der Existenz des Protests zu Veränderungen im System. Eine soziale Bewegung modifiziert die Machtverhältnisse, deckt Schwächen auf, testet Allianzen und provoziert Reaktionen (McAdam, 1982, zit. n. Hellmann, 1998: 24). Über die politische Reaktion im Falle einer Mobilisierung innerhalb dieser Berufsgruppe lässt sich bislang nur spekulieren, genauso wie über die möglichen Verbündeten.

Zusammengefasst lässt sich dieser Ansatz als Erfassung und Berücksichtigung aller externen politischen Faktoren außerhalb der sozialen Bewegung bezeichnen, welche die Bedingungen einer sozialen Bewegung beeinflussen. Eine besondere Aufgabe besteht dabei in der Darstellung der Problemlage, welche in einem eigenen Paradigma folgendermaßen beschrieben wird.

2.3.5 Framing Ansatz

Im Zentrum des Framing Ansatzes steht die öffentlichkeitswirksame Wahrnehmung der sozialen Bewegung durch entsprechende Kommunikation. Ziel ist es, eine in zwei Richtungen funktionierende Überzeugungsarbeit zu leisten. Zum einen müssen die Akteure weiterhin davon überzeugt sein, dass es sich um eine sinnvolle soziale Bewegung handelt, welche unterstützt werden muss. Zum anderen ist es notwendig, die Bewegungsexternen von der sozialen Bewegung zu überzeugen, mit dem Ziel der Akzeptanz und Unterstützung. Es geht dabei um die Legitimation des Handelns. Gerungen wird in diesem Prozess um die Definitions- und Deutungsmacht der Situation, welche erst im Verhandlungs- und Aushandlungsprozess zur Wirklichkeit werden kann. Jede Art der Darstellung einer Situation impliziert die Meinung und Auffassung der darstellenden Person, welche dadurch zu einem Multiplikator von Meinung werden kann, wenn der Rezipient keine andere Darstellung kennt oder bereits eine andere Auffassung hat. Insofern ist es von Bedeutung, dass die Darstellung einer Situation nicht ausschließlich den Bewegungsexternen überlassen wird. Dieser Ansatz betont die konstruktivistische Inszenierung der Sozialen Bewegung, welche großen Einfluss auf den Protest- und Mobilisierungserfolg ausübt.

Im Detail befasst sich dieser Ansatz mit drei unterschiedlichen Aspekten. Diese sind: der „Diagnostic Frame", „Prognostic Frame" und der „Moti-

2.3 Paradigmen der Bewegungsforschung

vational Frame". Bei dem Diagnostic Frame geht es um eine überzeugende Problemkonstruktion. Hier wird erklärt, worin das Problem besteht, wie bedeutsam es für die Allgemeinheit ist und wer die Verantwortung dafür trägt. Darüber hinaus sind die plausible Relevanz, die hinreichende Bedeutsamkeit und die Zurechnung der Verursachung bzw. Verantwortlichkeit (Hellmann, 1998: 21) von Bedeutung. Von besonderer Bedeutung ist die Zurechnungsfrage. Denn diese erlaubt erst die Umstellung von Selbst- auf Systemverantwortung. Bei dem Prognostic Frame geht es um das Aufzeigen von Lösungsmöglichkeiten, da erst auf Grundlage dieser eine Beteiligung am Protestaufwand rationell und die Bereitschaft, sich zu engagieren, wahrscheinlicher wird. Auch hier ist die Darstellung von großer Bedeutung, denn die Komplexität einer Problemlage darf nicht zu Lasten des Gefühls der Lösbarkeit des Problems gehen. Die Lösbarkeit des Problems ist die Voraussetzung für die Bereitschaft, den Protestaufwand überhaupt erst zu leisten. Der Motivational Frame versucht das Engagement und die Mobilisierungsbereitschaft bei den Betroffenen anzuregen. Neben den bereits genannten Bedingungen sind zudem von Bedeutung: eine hinlängliche Bezugnahme auf das allgemeine Wertesystem, eine gewisse Mindestreichweite und eine hinreichende Verdichtung und Verflechtung der einzelnen Aspekte selber. Die Bezugnahme auf das allgemeine Wertesystem ist die Voraussetzung der Kompatibilität von sozialer Bewegung und der gesellschaftlichen Allgemeinheit. Ist diese nicht gegeben, wird der Erfolg der sozialen Bewegung ungewiss. Mit dem Begriff der Mindestreichweite ist die gesellschaftliche Reichweite der sozialen Bewegung gemeint. Wenn diese nur einen sehr kleinen Teil der Gesellschaft betrifft, ist der Erfolg ebenfalls beeinträchtigt. Dem entgegenwirken kann der Ausbau eines Netzwerks von ebenfalls Betroffenen, welche weniger direkt, aber dennoch indirekt, davon berührt sind. Der Aspekt von Verdichtung und Verflechtung der einzelnen Aspekte meint die Argumentationsfähigkeit der Bewegungsmitglieder, welche gegeben sein muss, damit diese bei Belastung nicht sofort zerbricht. Ein weiterer wichtiger Aspekt betrifft die empirisch glaubwürdige Deutung der Ereignisse, welche sich nachvollziehbar mit den Erfahrungen der Betroffenen decken müssen und in einer erzählerisch-mitreißenden Wirkung überzeugen sollen.

Dem Framing Ansatz kommt somit ebenfalls eine entscheidende Bedeutung im Prozess der Mobilisierung zu, welche ohne die Thematisierung der Problemlage unmöglich wird. Einleitend zu dieser Arbeit wurden bereits einige der Thematisierungsprobleme hinsichtlich der Prekarisierung benannt (unzureichende statistische Erfassung und die Vergleichsproblematik durch die flächendeckende Prekarisierung in den sozialen Berufen). Darüber hinaus wird durch dieses Paradigma die Bedeutung der dringend notwendigen Thematisierung an den Hochschulen über die bestehenden Arbeitsbedingungen und die Veränderungen in dieser Berufsgruppe verdeutlicht, welche hierbei eine besondere Schlüsselposition einnimmt, wie die folgende Analyse und Interpretation der sozioökonomischen Daten zeigt.

2.4 Faktorenübersicht der theoretischen Erkenntnisse

Die wesentlichen Faktoren aus Sicht der Bewegungsforschung sollen in Abbildung 4 dargestellt und somit für die anschließenden Ausführungen praktikabel gemacht werden.

Zu kritisieren ist an dieser Übersicht die Reduzierung der jeweiligen theoretischen Paradigmen auf wenige Aspekte. Dennoch ist dieses Schema als Instrument für eine Analyse von sozialen Bewegungen geeignet, da hier die bestimmenden Faktoren für die Herausbildung einer sozialen Bewegung ersichtlich werden bzw. auch die Ursachen für das Ausbleiben einer solchen. Ebenso bedeutsam, aber nicht abgebildet in diesem Schema, sind die allgemeinen individuellen Voraussetzungen der Personen. Neben weiteren Faktoren sind hierbei drei Faktoren die grundsätzliche Voraussetzung. Erstens, dass Verständnis, dass die Verhältnisse in einer Gesellschaft als veränderbar begriffen werden, denn nur so kann Kritik überhaupt einsetzen (Wagner, 2009 oder auch Roth & Rucht, 2008), zweitens, dass die Deprivationserfahrungen der potenziellen BewegungsteilnehmerInnen nicht als individuelles Schicksal betrachtet werden, sondern als Folge von gesellschaftlichen Ursachen verstanden werden (Hellmann, 1998: 228), und drittens, dass die Personen ein gesellschaftliches Verantwortungsgefühl besitzen, welches über das individuelle hinausgeht. Dies ist jedoch ebenfalls von der gesellschaftlichen Sozialisation abhängig (Raschke, 1999).

Diese Faktorenübersicht wird im Folgenden mit den sozioökonomischen Verhältnissen, soweit verfügbar, analysiert und hinsichtlich der Herausbildung einer sozialen Bewegung innerhalb der sozialen Arbeit interpretiert.

2.4 Faktorenübersicht der theoretischen Erkenntnisse

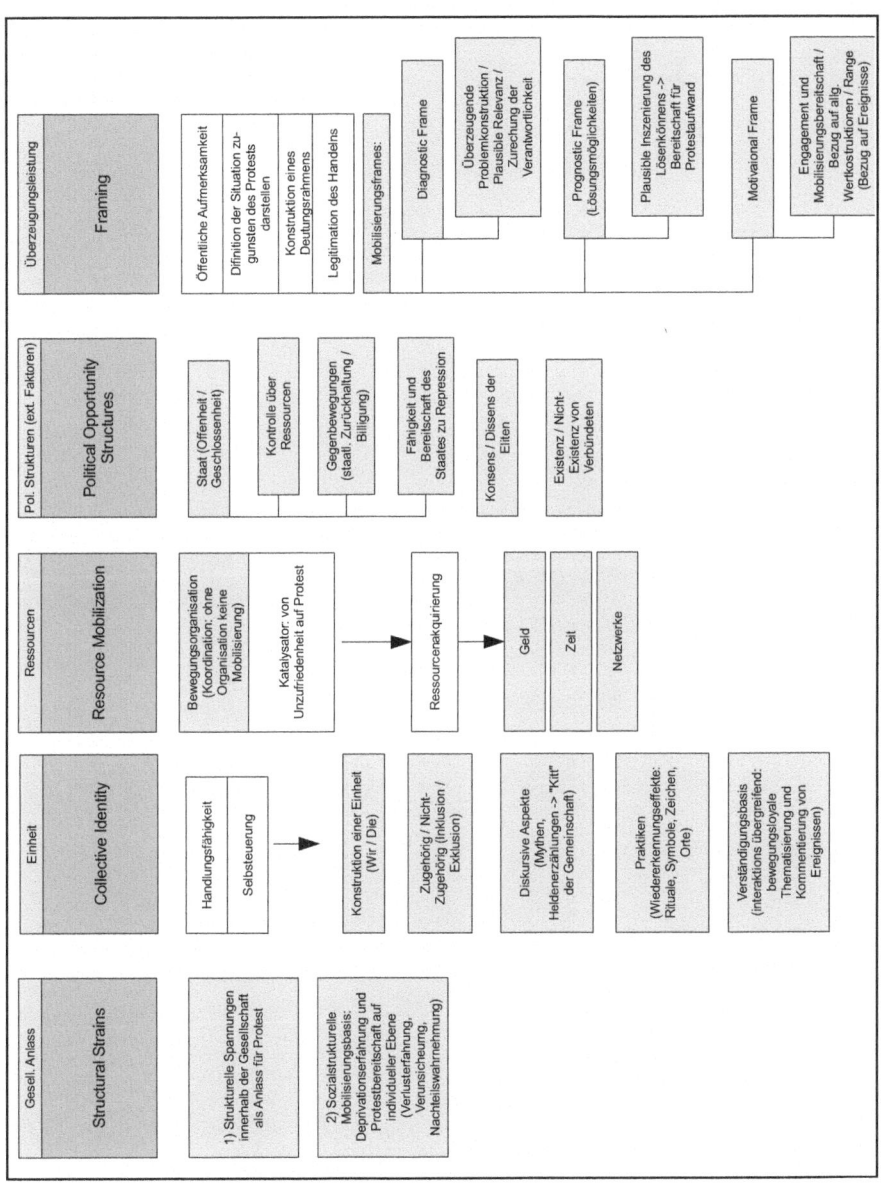

Abbildung 4: Faktorenübersicht der Bewegungsforschung (eigene Darstellung)

3 Sozioökonomische Verhältnisse aus Sicht der Paradigmen

Welche Wirkungen haben die gesellschaftlichen und sozioökonomischen Verhältnisse aus Sicht der Paradigmen für die Herausbildung einer sozialen Bewegung innerhalb der sozialen Arbeit? Damit hierzu eine Antwort gegeben werden kann, werden zunächst allgemeine gesellschaftlichen Entwicklungen und später die speziellen Entwicklungen bei den Beteiligten in der sozialen Arbeit betrachtet. Auf der allgemeinen gesellschaftlichen Ebene wird zunächst das Wachstumspotential im Sozialwesen deutlich.

Ein Blick in die Umsatzzahlen im Sozialwesen zeigt eine seit Jahren steigende Umsatzsteigerung, von zuletzt 5,6 % und für das kommende Jahr 2015 eine erneute Steigerung von 5,4 %, s. Abbildung 5.

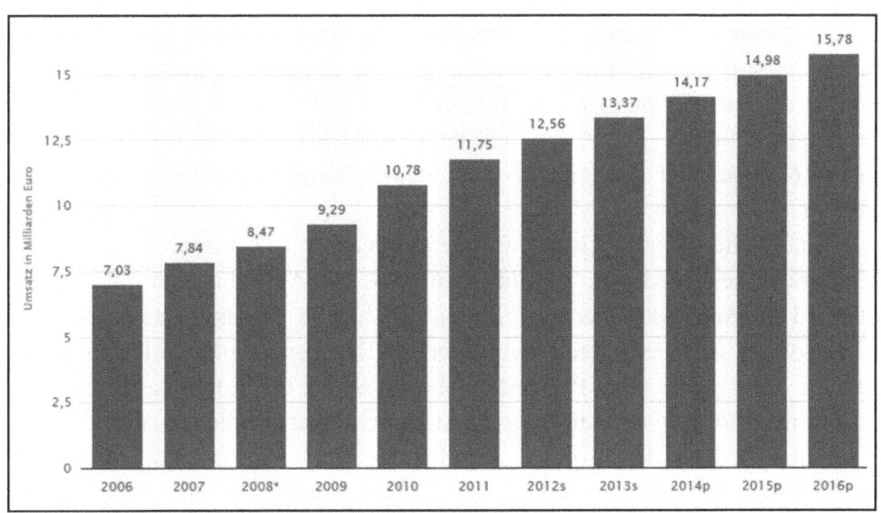

Abbildung 5: Prognostizierte Umsatzentwicklung im Sozialwesen in Deutschland in den Jahren 2006–2016 (Statista 2014)

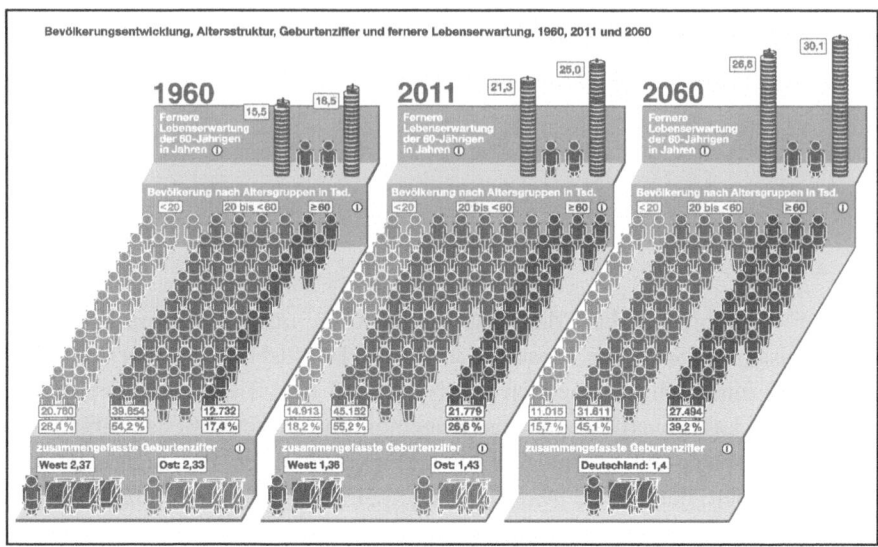

Abbildung 6: Demografischer Wandel (bpb 2012)

Neben der eindeutigen Tendenz zum Wachstum zeigen die Umsatzdaten außerdem eine wachsende Öffnung für den Markt und die damit steigende Ermöglichung von Profiten an. Die Zunahme der Vermarktlichung und der damit einhergehenden Prekarisierung für die Arbeitsleistungserbringer ist somit zu erwarten. Dies wird nach dem Stuctural Strains Ansatz zu weiteren Spannungen führen. Die Abbildung zeigt außerdem, dass sich die Umsätze bis 2016, gegenüber den Umsätzen im Jahr 2006 mehr als verdoppelt haben werden.

Eine weitere Entwicklung, welche ein Wachstum erwarten lässt, ist der demografische Wandel, s. Abbildung 6. Wie der Abbildung zu entnehmen ist, wird der Anteil der über 60-Jährigen zunehmen (jeweils rechts dargestellte Personen) und der Anteil der unter 20-Jährigen fortlaufend abnehmen (jeweils links dargestellte Personen), ebenso ist die Geburtenrate rückläufig. Daraus resultieren zwei zunehmende Aufgabenfelder für die sozialen Berufe, zum einen bedingt durch die sozialpolitische Notwendigkeit zur Förderung der Familien und zum anderen wird der Arbeitsbereich mit älteren Menschen an Bedeutung gewinnen und daraus folgend weiterhin wachsen. Somit wird der demografische Wandel zum Wachstum insgesamt beitragen und damit verbunden zu größeren Umsätzen in dieser Branche.

2.4 Faktorenübersicht der theoretischen Erkenntnisse

Aber nicht nur der demografische Wandel führt zu einem stärkeren Bedarf im Sozialwesen, sondern auch die zunehmende Kluft zwischen armen und reichen Menschen, welche in keinem anderen EU-Land so groß ist wie in Deutschland, wie der GINI-Koeffizient zeigt (Spiegel Online, 2014). Aus Sicht des Stuctural Strains Ansatzes und rückblickend auf die Entwicklungsursprünge stellt es eine zentrale Aufgabe des Sozialwesen dar, zum sozialen Frieden in der Gesellschaft beizutragen. Da diese aber zunehmend ungleicher wird, wird auch das Sozialwesen wachsen müssen, da sonst die sozialen Spannungen zu groß werden und es wieder zu unerwünschten Protesten kommt. Demzufolge sind es mindestens drei Entwicklungen, welche erwarten lassen, dass der Bereich des Sozialwesens weithin wachsen wird und damit auch die Prekarisierung.

Eine weitere allgemeine gesellschaftliche Entwicklung, welche die Herausbildung von sozialen Bewegungen beeinflusst, ist die zunehmend individualisierende Gesellschaft (Wissenschaftszentrum Berlin für Sozialforschung, 2009: 5). Wie die Ergebnisse von Kirmanoglu & Baslevent (Kap. 2.3.2) gezeigt haben, steht diese Entwicklung im Spannungsverhältnis zu einem gesellschaftspolitischen Verantwortungsgefühl, welches weiter fokussiert wird durch die Übernahme eines ökonomisierten Denkens und Handelns der Individuen (Kap. 1.1). Hierdurch wird das gesellschaftliche und soziale Engagement gehemmt. Raschke konstatiert dazu: „Die Ursachen liegen nicht nur im Sozialisationtyp, aber beginnen dort." (1999: 74) So zeigt sich, dass bereits aufgrund der Sozialisation in einer zunehmend individualisierenden Gesellschafft ein grundsätzliches Problem für soziale Bewegungen entsteht. Dabei liegt die Problematik nicht nur im steigenden individualistischen Denken der Personen, sondern auch in der individualisierenden Problemzuschreibung. Dies hat zur Folge, dass bereits zwei der drei im vorherigen Kapitel beschriebenen grundlegenden Voraussetzungen (die Betrachtung von gesellschaftlich bedingten Problemen als individuelles Schicksal und das gesellschaftliche Verantwortungsgefühl) hierdurch beeinträchtigt werden. Ein weiterer allgemein gesellschaftlicher Faktor aus Sicht der Bewegungsforschung ist die enge Verbindung zwischen der Sozialen Arbeit und dem Ehrenamt. In Deutschland engagieren sich seit Jahren gleichbleibend ca. zwölf Millionen Menschen im ehrenamtlichen Bereich, s. Abbildung 7.

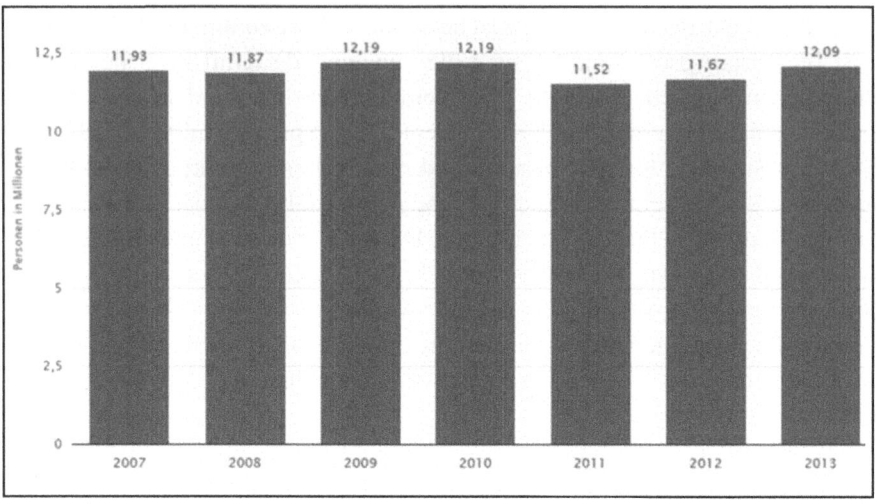

Abbildung 7: Ehrenamtliche in Deutschland (Statista 2014)

Diese Zahl soll nach dem Willen der Bundesregierung zunehmen und ausgebaut werden, dies bezeugen verschiedene Kampanien und Veränderungen der gesetzlichen Rahmenbedingungen, wie z. B. die Erhöhung der Aufwandspauschale für Ehrenamtliche und TrainerInnen im Jahr 2013. Bedenklich ist diese Entwicklung, da es besonders die sozialen Bereiche sind, in denen sich die Ehrenamtlichen engagieren (vgl. Abb. 8).

Diese Entwicklung fördert einerseits die Lohnkostenreduzierung auf staatlicher Seite, ist aber auch für die professionelle Identität und das klare Selbstverständnis von Bedeutung. Denn im Hinblick auf die Definition von beruflicher Identität wird diese entweder durch das Erlernen eines Berufs oder die ausgeübte Tätigkeit definiert (Wolf, 2014). Auch in Hinblick auf die Definition von SozialarbeiterInnen (Kap. 2.1.1) ergibt sich, dass sich im Prinzip jede Person mit einer sozialen Tätigkeit „Sozialarbeiter" nennen kann. Dies ist aus Sicht des Collective Identity Ansatz problematisch, da es die Abgrenzung zu anderen erschwert und damit die Konstruktion einer Einheit hemmt. Diesbezüglich zeigt sich die Soziale Arbeit als ungeschützte Berufsgruppe in der auch Personen ohne entsprechende Ausbildung tätig werden können. Es geht hierbei nicht um eine Abwertung von ehrenamtlichem Engagement, sondern nur um die Problematik in Bezug auf die Auswirkungen auf die kollektive Identität.

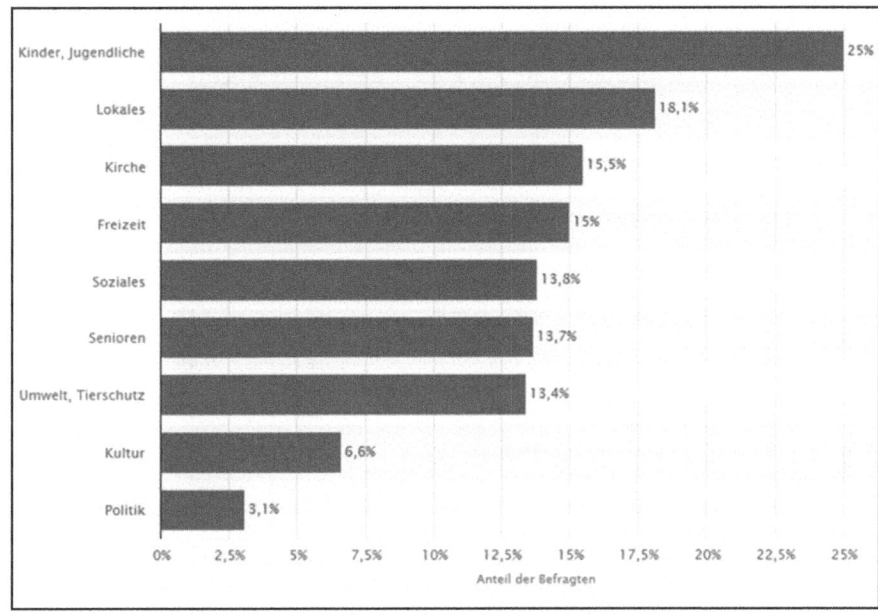

Abbildung 8: Bereiche der ehrenamtlichen Tätigkeit (Statista 2014)

Weitere spezifischere Probleme ergeben sich aus den folgenden Daten zur Situation der Unternehmen, ArbeitskrafterbringerInnen und Studierenden, welche in den drei folgenden Abschnitten näher betrachtet werden.

3.1 Zur Situation der Unternehmen

Die Betrachtung der Daten in diesem Abschnitt soll eine Einschätzung zur Situation der Unternehmen und den damit verbundenen Konsequenzen für die ArbeitskrafterbringerInnen ermöglichen. Hierbei stammen die Daten aus dem Branchenreport Sozialwesen (ohne Heime) 2014 von Statista, welche für ihre Analysen die Klassifikation der Wirtschaftszweige von 2008 nutzt und den Bereich des Sozialwesens aus folgenden Wirtschaftszweigen definieren:

- WZ 88.1 – Soziale Betreuung älterer Menschen und Behinderter
- WZ 88.10.1 und 88.10.2 – Ambulante soziale Dienste, sonstige soziale Betreuung älterer Menschen und Behinderter

#	WZ	Branche	Umsatz 2011	Veränderung zu 2010
1	68	Grundstücks- und Wohnungswesen	152,1	5,6% ↗
2	70	Verwaltung u. Führung von Unternehmen u. Betrieben; Untern.beratung	75,6	6,9% ↗
3	62	Erbringung von Dienstleistungen der IT	61,8	11,4% ↗
4	64	Erbringung von Finanzdienstleistungen	59,5	6,6% ↗
5	71	Architektur- und Ingenieurbüros[2]	57,9	8,4% ↗
6	86	Gesundheitswesen	56,8	7,0% ↗
7	56	Gastronomie	43,3	4,8% ↗
8	69	Rechts- und Steuerberatung, Wirtschaftsprüfung	42,5	2,2% ↗
9	77	Vermietung von beweglichen Sachen	39,8	3,9% ↗
10	73	Werbung und Marktforschung	27,6	-2,8% ↘
11	81	Gebäudebetreuung; Garten- und Landschaftsbau	25,3	9,1% ↗
12	55	Beherbergung	22,8	5,6% ↗
13	78	Vermittlung und Überlassung von Arbeitskräften	22,7	19,5% ↗
14	79	Reisebüros, Reiseveranstalter[3]	15,2	5,6% ↗
15	63	Informationsdienstleistungen	12,7	1,6% ↗
16	88	Sozialwesen (ohne Heime)	11,8	9,3% ↗
17	87	Heime (ohne Erholungs- und Ferienheime)	10,9	11,2% ↗
18	85	Erziehung und Unterricht	9,7	6,6% ↗
19	72	Forschung und Entwicklung	6,8	4,6% ↗
20	80	Wach- und Sicherheitsdienste sowie Detekteien	5,3	6,0% ↗

Abbildung 9: Branchenvergleich im DL-Sektor, Umsätze in Mrd. Euro (Branchenreport 2014 von Statista)

- WZ 88.9 – Sonstiges Sozialwesen (ohne Heime)
- WZ 88.91.0 u. 88.99.0 – Tagesbetreuung von Kindern und sonstiges Sozialwesen anderweitig nicht genannt

3.1 Zur Situation der Unternehmen

Wie den statistischen Daten zu den Umsätzen zu entnehmen ist, werden diese bis 2016 ca. 16 Milliarden Euro erreicht haben. Im Vergleich mit anderen Dienstleistungsbranchen, gehört das Sozialwesen damit zu den drei wachstumsstärksten in dem gesamten Dienstleistungsbereich mit einer Vorjahresveränderung von 9,3 %, s. Abbildung 9.

Ein stärkeres Umsatzwachstum zeigen nur die Bereiche der „Vermittlung und Überlassung von Arbeitskräften" und die „Erbringung von Dienstleistungen der IT". Dominiert wird dieser Bereich von 0,3 % der Unternehmen, welche 54,8 % des Gesamtumsatzes erwirtschaften, s. Abbildung 10.

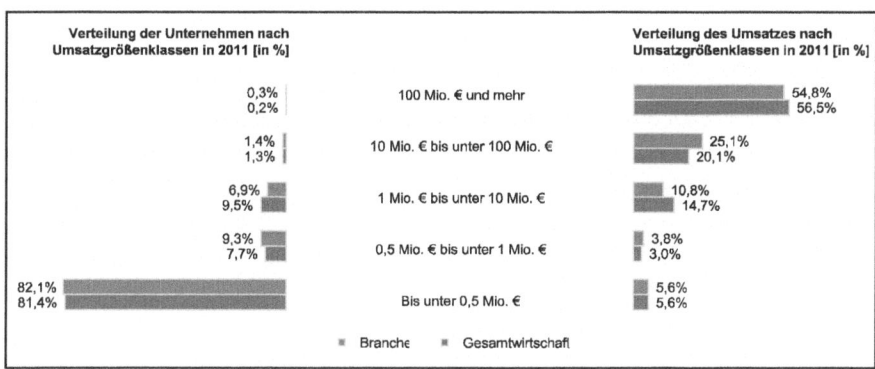

Abbildung 10: Verteilung der Unternehmen nach Umsatzgrößenklassen 2011 (Branchenreport 2014 von Statista)

Darüber hinaus ist der Abbildung zu entnehmen, dass 82,1 % der Unternehmen unter 500.000 Euro Umsatz und zusammen 5,6 % des Gesamtumsatzes erwirtschaften. Bezüglich der Gewinne verhält es sich umgekehrt proportional, mit der Zunahme an Umsätzen werden die Gewinne der Unternehmen kleiner (aber nur prozentual) (vgl. Abbildung 11).

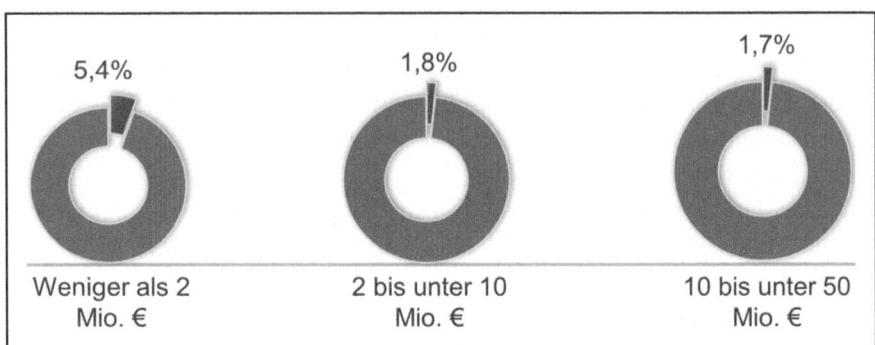

Abbildung 11: EBT-Marge nach Umsatzklassen in 2011 (Branchenreport 2014 von Statista)

Unternehmen mit weniger als zwei Millionen Euro Umsatz erwirtschaften dabei den größten Gewinn von ca. 5,4 % im Verhältnis zu ihren Umsätzen. Ab einem Umsatzvolumen von ca. zwei Millionen Euro schwankt die Gewinnquote nur noch zwischen 1,8 % und 1,7 %. Die durchschnittliche Gewinnquote aus den Jahren 2008 bis 2011 lag dabei bei etwa 2,1 %, siehe Abbildung 12.

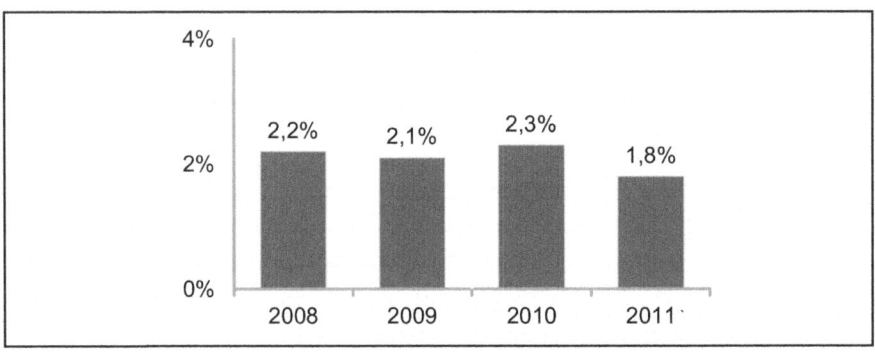

Abbildung 12: EBT-Marge 2008 – 2011in % (Branchenreport 2014 von Statista)

Vorausgesetzt, die Gewinnquote liegt im Jahr 2016 mindestens genauso hoch, ist ein Gewinn von ca. 336 Millionen Euro im Sozialwesen zu erwarten.

Die Anzahl der steuerpflichtigen Unternehmen in diesem Bereich ist seit 2009 leicht rückläufig, siehe Abbildung 13.

3.1 Zur Situation der Unternehmen   53

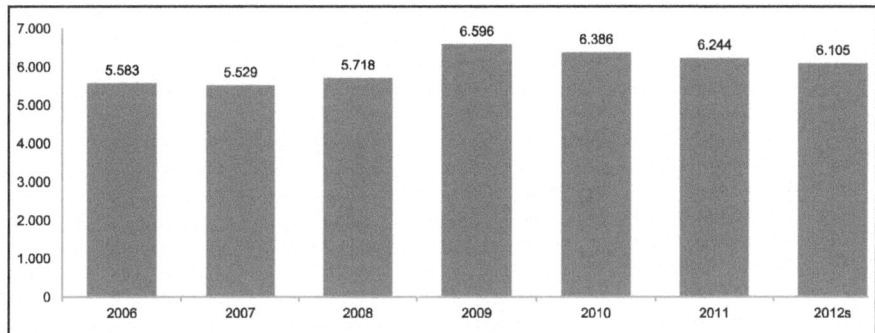

Abbildung 13: Anzahl steuerpflichtiger Unternehmen (Branchenbericht 2014 von Statista)

Für das Jahr 2012 schätzt der Branchenbericht die Anzahl der Unternehmen auf ca. 6105 Unternehmen insgesamt. Ebenso ist die Zahl der Gewerbeanmeldungen seit 2009 rückläufig, s. Abbildung 14.

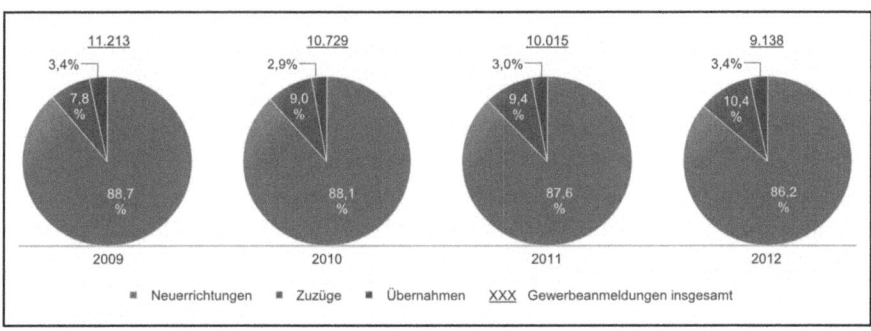

Abbildung 14: Entwicklung der Anzahl der Gewerbeanmeldungen der Branche (Branchenreport 2014 von Statista)

Während es im Jahr 2009 noch 11.213 waren, sind es 2012 ca. 2000 weniger mit insgesamt 9.138 Gewerbeanmeldungen, wobei sich die Daten auf den gesamten Wirtschaftszweig des Gesundheits- und Sozialwesens (WZ 86-88) beziehen und deshalb nur als allgemeine Tendenz verstanden werden sollten. Als Ursache für die rückläufige Gewerbeanmeldung könnte die zunehmende Insolvenzquote in Frage kommen, s. Abbildung 15.

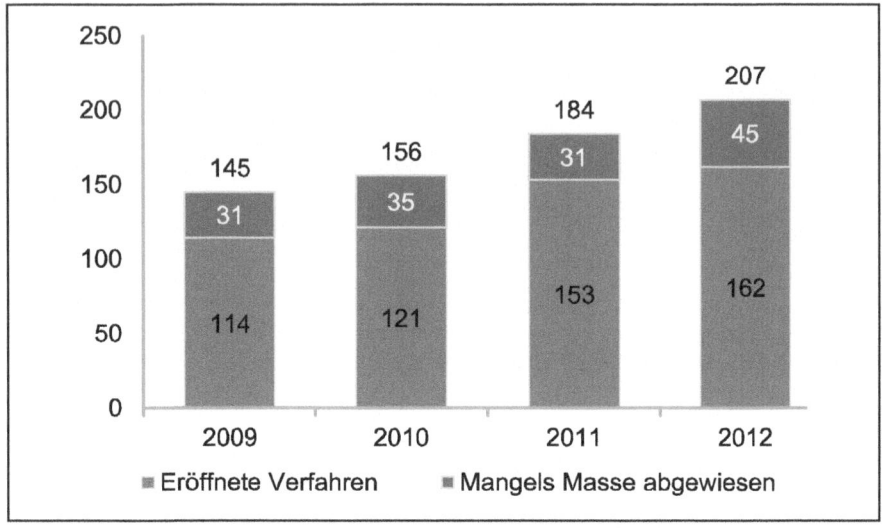

Abbildung 15: Insolvenzquote (Branchenreport 2014 von Statista)

Seit 2009 sind die Insolvensverfahren von 145 auf zuletzt 207 im Jahr 2012 gestiegen. Demnach hat jedes Jahr die Zahl der Insolvenzen zugenommen, bei abnehmenden Gewerbeanmeldungen. Diese Entwicklung zeigt ebenso Auswirkungen auf die zunehmende Anzahl von Beschäftigten, welche von Insolvenz betroffen sind (vgl. Abbildung 16). Wie Abbildung 16 zu entnehmen ist, hat sich die Anzahl der betroffenen Beschäftigten gegenüber 2009 mehr als verdoppelt.

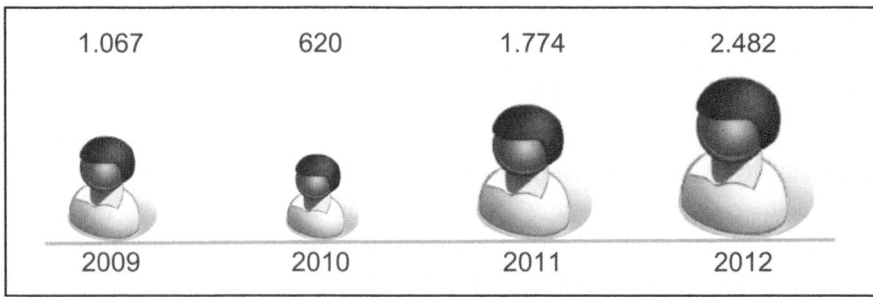

Abbildung 16: Von Insolvenz betroffene Beschäftigte (Branchenreport 2014 von Statista)

Zusammenfassend zeigt sich, dass die Umsätze in dieser Branche seit Jahren wachsen und voraussichtlich 2016 ein Rekordhoch von 16 Milliarden Euro erreichen. Mit den Umsätzen erhöhen sich auch die Gewinne, welche bei einem Durchschnittswert von 2,1 % in den letzten Jahren ebenso ein Rekordhoch von ca. 336 Millionen Euro bis 2016 erreichen werden, wobei kleinere Unternehmen (82,1 %) nur einen Bruchteil der Gewinne (5,6 %) erwirtschaften, und zwar trotz der größeren Gewinnquote, und die großen Unternehmen (0,3 %) insgesamt 54,8 % der Gewinne erzielen. Diese Spaltung zwischen großen und kleinen Unternehmen zeichnet sich weiter anhand rückläufiger Unternehmenszahlen, Gewerbeanmeldungen und einer steigenden Insolvenzquote ab. Die Gewinnmaximierung wird hierbei ermöglicht durch die Reduzierung der Personalkosten und die damit einhergehende Prekarisierung der Arbeitsleistungserbringer, wie das folgende Kapitel zeigt.

3.2 Zur Situation der ArbeitsleistungserbringerInnen

Auch in diesem Abschnitt sind aufgrund der vagen Berufsklassifikationen nur ungenaue Angaben möglich, ähnlich wie die Angaben zu den Wirtschaftszweigen im vorherigen Abschnitt. Daher sind die meisten Angaben nur als Tendenz von Entwicklungen zu verstehen. Die Berufsklassifikation ist auch aufgrund der vielen möglichen Arbeitsfelder von Sozialarbeitern schwierig. Nach eigenen Schätzungen besteht die Möglichkeit, in ca. 150 verschiedenen Bereichen tätig zu werden (Heinz, 2012), womit bereits ein zentralen Problem für die Herausbildung einer kollektiven Identität erkenn bar wird, nämlich der Heterogenität der Arbeitsbereiche in dieser Berufsgruppe, welche das Zugehörigkeitsgefühl (Kap. 2.3.2) hemmen. Diese erschwert die Konstruktion einer Einheit aufgrund der starken Fragmentierung der Sozialarbeiter in den einzelnen Unternehmen und führt dazu, dass die Herausbildung einer sozialen Bewegung nach der Zeit des Studiums sehr unwahrscheinlich wird. Der einzige Zeitraum, an dem die künftigen Sozialarbeiter noch vereint sind und es möglich ist, die kollektive Identität zu stärken, ist die Zeit des Studiums. Daher sind auch hier die Hochschulen in der besonderen Verantwortung, die Studierenden nicht nur methodisch auszubilden, sondern auch auf die schwierigen Arbeitsbedingungen vorzubereiten oder zumindest die Problematik zu thematisieren (Framing Ansatz).

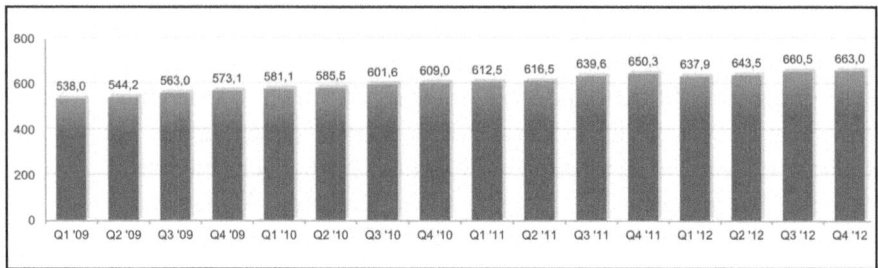

Abbildung 17: Anzahl der sozialversicherungspflichtig Beschäftigten in 1.000 (Branchenreport 2014 von Statista)

Des Weiteren wächst die Nachfrage an Sozialarbeitern ebenso wie sich die Umsätze seit Jahren kontinuierlich erhöhen, s. Abbildung 17.

Nach dem Gesetz von Angebot und Nachfrage hätten demzufolge die Sozialarbeiter eine gute Verhandlungsposition, um Forderungen zu stellen und bessere Arbeitsbedingungen zu verlangen, vorausgesetzt, es gäbe einen Zusammenschluss von Sozialarbeitenden.

Ein weiteres Problem aus Sicht des Collective Identity Ansatzes liegt in der anhaltenden Kluft der Bezahlung zwischen Frauen und Männern, s. Abbildung 18.

Diese ist seit Jahren gleichbleibend, auf einem Niveau von ca. 22,4 %. Frauen erhalten demnach ungefähr ein Viertel weniger Gehalt als Männer für die gleiche Arbeitsleistung. Für Berufsgruppen mit einem hohen Frauenanteil ergibt sich daraus von vornherein eine Benachteiligung in der Entlohnung. Davon betroffen ist auch die Soziale Arbeit, mit einem durchschnittlichen Frauenanteil von ca. 78 % (Statista, 2014).

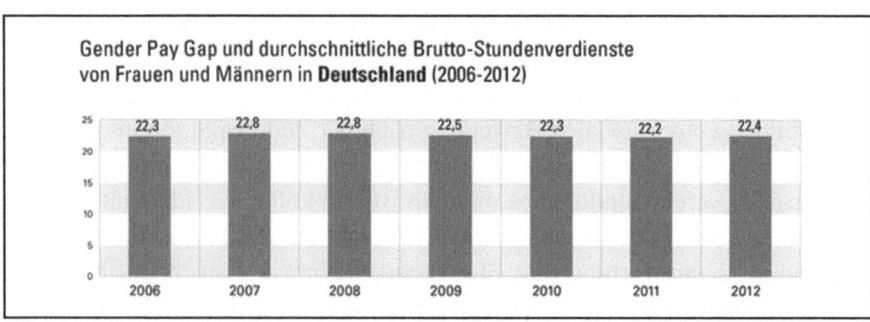

Abbildung 18: Gender Pay Gap in % (WSI 2013)

3.2 Zur Situation der ArbeitsleistungserbringerInnen

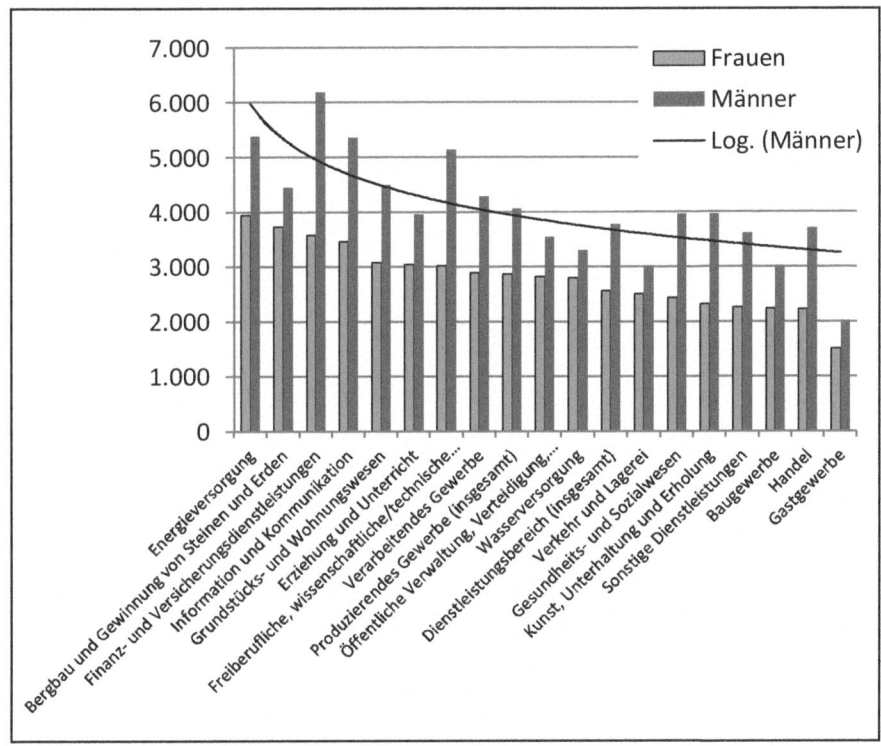

Abbildung 19: Gehaltsvergleich nach Berufsgruppen (eigene Darstellung)

Die Bedeutung des Gehalts ist in einer kapitalistischen Gesellschaft nicht nur von materieller Art und bedeutsam für die zur Verfügung stehenden Ressourcen einer Berufsgruppe (RM Ansatz), sondern ist vielmehr auch Ausdruck von gesellschaftlicher Anerkennung und Wertschätzung, welche sich auf allen Ebenen: psychologisch, kulturell, ökonomisch, politisch und sozial auswirkt (Doyle, 1999 o. a. Simmel, 2009). Eine Folge von ausbleibender Anerkennung ist ein mangelndes Selbstbewusstsein, da Identitätsarbeit auch von außen abhängig ist (Wolf, 2014). Die unzureichende gesellschaftliche Anerkennung dieser Berufsgruppe führt somit zu einem minderwertigen beruflichen Selbstbewusstsein und hemmt damit die Herausbildung einer kollektiven Identität und eines beruflichen Habitus. Ein Vergleich mit anderen Berufsgruppen (Computerbild, 2014, Daten von Statista 2013) zeigt, dass sich die Bezahlung insgesamt am unteren Drittel bewegt, s. Abbildung 19.

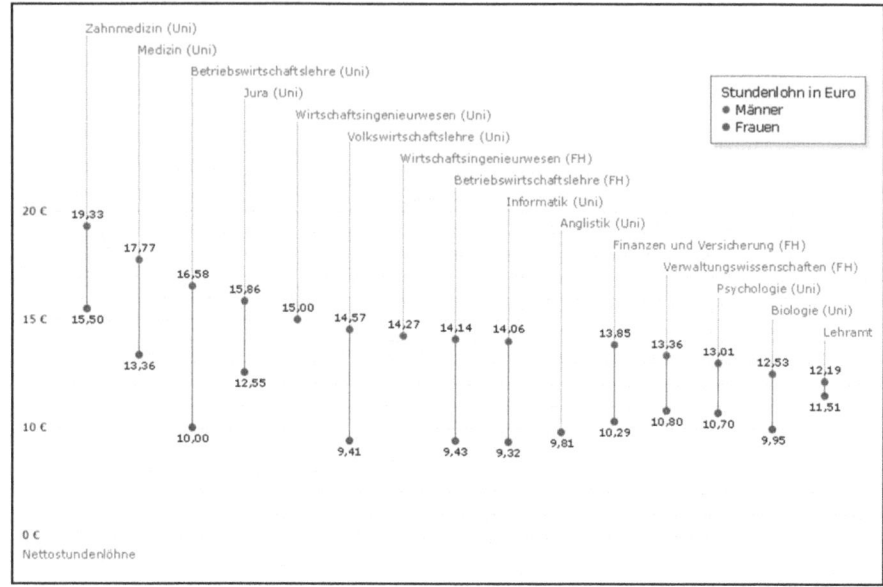

Abbildung 20: Gehälter in akademischen Berufsausbildungen (spiegel.de)

Demnach erhalten Frauen im Gesundheits- und Sozialwesen durchschnittlich 2.447 Euro brutto, während Männer 3.968 Euro brutto im Monat bekommen. In der sozialen Arbeit erhalten eine Sozialpädagogin ca. 2.667 Euro und ein Sozialpädagoge ca. 3.080 Euro (WSI-Lohnspiegel-Datenbank, 2012). Im Gehälterverglich mit akademischen Ausbildungen wird Soziale Arbeit gar nicht mehr aufgeführt, s. Abbildung 20 (Deutsches Institut für Wirtschaftsforschung, 2012).

Als Bezugspunkt für die Einschätzung kann hier das aufgeführte Lehramt dienen, welches in der Abbildung 19 noch relativ gut erschien, im Rahmen von „Erziehung und Unterricht" aber in diesem Vergleich nur noch einen schlecht entlohnten Beruf darstellt.

Darüber hinaus zeigt eine Studie des Instituts für Arbeit- und Qualifikation (IAQ) der Universität Duisburg-Essen, dass zu den Gewinnern der aktuellen Mindestlohndebatte der sonstige Dienstleistungsbereich mit 28,9 % (ohne Gastgewerbe und Landwirtschaft) und sogar der Bereich von Erziehung und Unterricht mit 11,5 % zählen würden. Die Prozentangabe meint

3.2 Zur Situation der ArbeitsleistungserbringerInnen

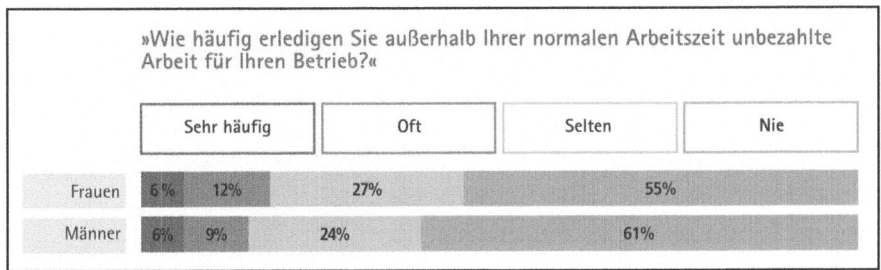

Abbildung 21: Unbezahlte Arbeit nach Geschlecht (DGB Index Gute Arbeit 2013)

hierbei den Anteil der Personen aus dem jeweiligen Wirtschaftszweig, welche aktuell unter 8,50 pro Stunde erhalten (Bosch & Weinkopf, 2014).

Vor diesem Hintergrund findet in der Sozialen Arbeit zunehmend eine Aufspaltung zwischen „geringwertiger" und „höherwertiger" Tätigkeit statt, bei der die schlechteren Arbeits- und Einkommensbedingungen hauptsächlich zu Lasten von Frauen gehen und in Führungspositionen eher Männer vertreten sind (Stolz-Willig, 2011). Im Hinblick auf die gesellschaftliche Anerkennung und Wertschätzung werden hierbei zwei Fakten deutlich. Zum einen wird die Arbeitsleistung von Frauen generell weniger wertgeschätzt und zum anderen ist die gesellschaftliche Anerkennung von Sozialer Arbeit als gering zu bezeichnen.

Ebenfalls von Bedeutung aus geschlechtsspezifischer Sicht ist die Bereitschaft zu unbezahlter Arbeit, da Frauen öfter als Männer unbezahlte Arbeit leisten, s. Abbildung 21.

Während Männer in 61 % der Fälle nie unbezahlte Arbeit für den Betrieb erbringen, sind es bei den Frauen nur 55 %. Die Bereiche, in denen am häufigsten unbezahlte Arbeit geleistet wird, sind ebenfalls eindeutig, s. Abbildung 22. Wie der Übersicht zu entnehmen ist, wird im Sozialwesen am zweithäufigsten unbezahlte Arbeit geleistet, gleich nach „Erziehung und Unterricht" mit einem ähnlich hohen Frauenanteil.

Als weitere Ursache des negativen Berufsbildes werden im Branchenreport 2014 die als „herausfordernd" bezeichneten Arbeitsbedingungen genannt (Statista, 2014: 7). Wie herausfordernd diese Folgen der Ökonomisierung sind, wurde inzwischen in mehreren Monografien, unter anderem von Wohlfahrt, Nodes, Seithe, Enggruber, Mergner, Dahme, Stolz-Willig, be-

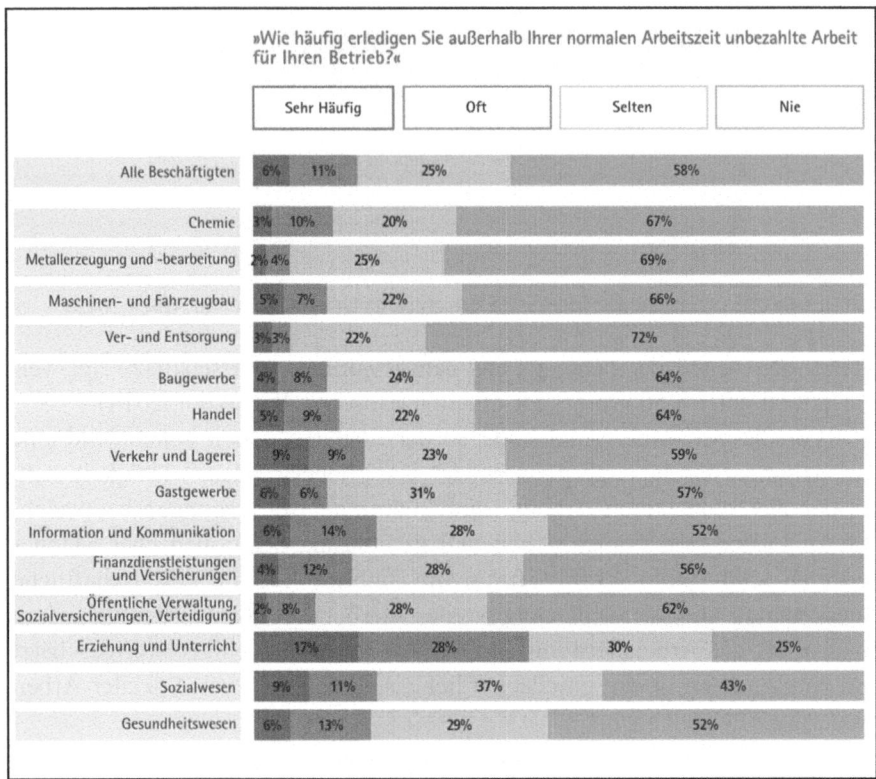

Abbildung 22: Unbezahlte Arbeit nach Branchen (DGB Index Gute Arbeit 2013)

schrieben. Dabei lassen sich drei allgemeine Tendenzen konstatieren: Zum einen kommt es zu einer zunehmenden Deregulierung und Flexibilisierung der Beschäftigungsverhältnisse (Zunahme flexibler Arbeitszeitmodelle und Befristungen), zum anderen zu einer Labilisierung und Fragmentierung der Beschäftigung (z. B. Honorarkräfte, Leiharbeiter, Minijobs, Midijobs, Ich-AGs) und darüber hinaus zu einer Verehrenamtlichung der Sozialen Arbeit (Wohlfahrt, 2007 zit. n. Hocke, 2012: 18). Beschleunigt wurde diese Entwicklung in den Beschäftigungs- und Entlohnungsbedingungen durch den Übergang im Jahr 2005 vom BAT (Bundes-Angestelltentarifvertrag) zum TVÖD (Tarifvertrag für den Öffentlichen Dienst) und die dadurch entstandene Tarifflucht der Freien Träger (Stapf-Finé, 2013, o. a. Eichinger, 2009).

3.2 Zur Situation der ArbeitsleistungserbringerInnen

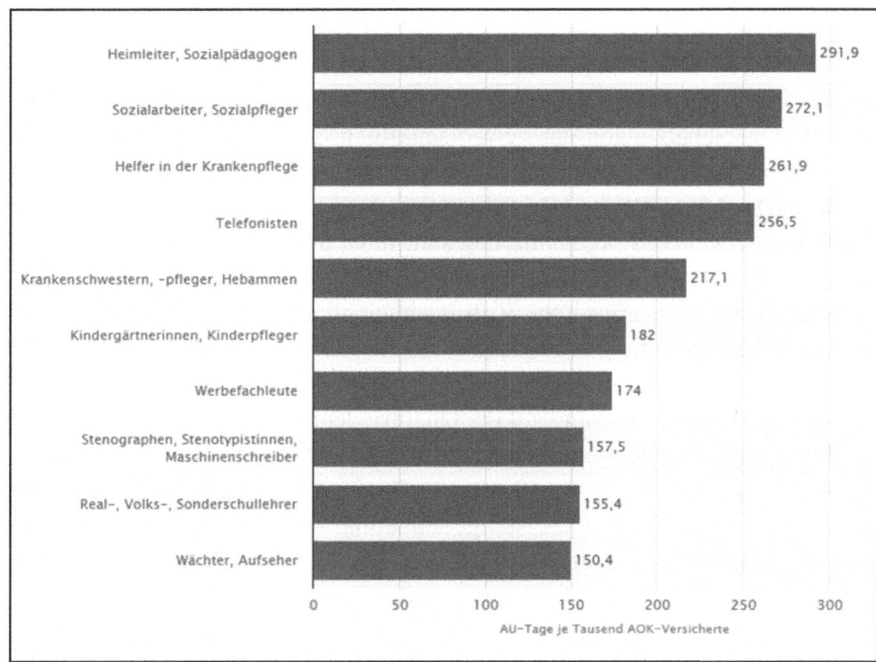

Abbildung 23: Berufsgruppen mit den meisten Arbeitsunfähigkeitstagen aufgrund von Burn-out-Erkrankungen in 2011 (Statista 2014)

Die Prekarisierung wirkt sich dabei gleich auf mehrere Paradigmen der Bewegungsforschung aus, unter anderem auf die kollektive Identität aufgrund der mangelnden Anerkennung und des negativen Berufsbilds durch die Arbeitsbelastungen, des Weiteren auf den RM Ansatz durch die geringe Entlohnung und den hohen Zeitaufwand. Darüber hinaus schüren diese die existenziellen Ängste vor dem sozialen Abstieg, was die Mobilisierung belastet (Structural Strains Ansatz).

Eine Folge dieser Prekarisierung lässt sich anhand der Arbeitsunfähigkeitstage aufgrund von Burn-out-Erkrankungen ablesen, s. Abbildung 23. Hauptsächlich betroffen sind demzufolge Personen aus sozialen Tätigkeitsbereichen, allen voran: Heimleiter, Sozialpädagogen, Sozialarbeiter und Sozialpfleger. Darüber hinaus ist diese Art der „Verbrennung" von Menschen ein lukratives Geschäft für die Unternehmen, da diese die Gewinne erzielen, verursacht durch Arbeitsverdichtung und Effizienzdruck und die kostenintensiven Folgen der Behandlung der Gesellschaft überlassen. Damit dem begegnet werden kann, bedarf es einer beruflichen Interessenvertretung, welche noch immer „nur am Rande der Bedeutungslosigkeit" (Racke, 2003) existiert. Die Schätzungen der gewerkschaftlich organisierten SozialarbeiterInnen gehen von ca. 20 % aus, welche dazu noch aufgesplittert sind bei Ver.di mit 11,4 %, GEW mit 7,5 % und dem DBSH mit 1,1 % (Heinz, 2012), wodurch eine weitere Fragmentierung stattfindet und eine Bewegungsorganisation erschwert wird. Im Kontrast zur Unzufriedenheit, bedingt durch die Prekarisierung, steht eine hohe Zufriedenheit durch die Sinnhaftigkeit der eigenen Arbeit und die Zusammenarbeit mit Kolleginnen und Kollegen im Team (Luma, 2012 zit. n. Stapf-Finé, 2013). Diese Zufriedenheit könnte eine teilweise negierende Wirkung auf die Unzufriedenheit haben.

Inwieweit die Ökonomisierungsprozesse noch voranschreiten müssen, damit es zu Protesten kommt (Structural Strain Ansatz), bleibt abzuwarten. Zu konstatieren ist jedoch die stetige Zunahme der Prekarisierung, welche nicht erst im Berufsleben beginnt, sondern bereits im Studium anfängt, wie das folgende Kapitel zeigt.

3.3 Zur Situation der Studierenden

Die Daten des folgenden Abschnitts sind das Ergebnis einer repräsentativen, zumindest in Berlin, wenn nicht in ganz Deutschland, einmaligen Initiative von Studierenden der sozialen Arbeit mit dem Namen: „Netzwerk prekäres Praktikum". Erstmalig wurde hochschulübergreifend eine Erhebung vorgenommen, an der insgesamt 1814 Studierende der drei Berliner Hochschulen für Soziale Arbeit teilgenommen haben (Alice Salomon Hochschule, Evangelische Hochschule und Katholische Hochschule für Sozialwesen). Die Autorin des Fragebogens ist Svenja Ketelsen, welche im Rahmen ihrer Masterarbeit mit dem Titel: „Praktika in sozialen Berufen – eine empirische Studie über die sozioökonomische Lebenssituation von Studierenden" die gesamte Erhebung auswertet und separat veröffentlichen wird. Durchgeführt wurde die Erhebung im Zeitraum von September bis Oktober 2013 und sie beinhaltete 127 Variablen, von denen die wichtigsten (für diese Arbeit) vorgestellt werden. Dabei sind primär die Belastungsfaktoren und der Organisationsgrad von Bedeutung.

3.3 Zur Situation der Studierenden

Die folgenden ausgewählten Daten wurden zu diesem Zweck mit SPSS 22 ausgewertet. Alle Zahlen werden in absoluten Werten angegeben und für die bessere Lesbarkeit leicht gerundet (nur im Falle von Prozentangaben), wodurch sich bei den Summenbildungen und bei der Berechnung von Prozentangaben geringfügige Abweichungen der Werte ergeben.

3.3.1 Ausgewählte Ergebnisse der Befragung

Die soziodemografischen Daten zeigen folgende Verteilung: Insgesamt haben 1814 Studierende an der Befragung teilgenommen. Die genaue Aufteilung der Teilnehmer zwischen den drei Hochschulen verhält sich, wie in Abbildung 24 aufgeführt.

Alle Angaben im Fragebogen waren freiwillig und anonym. Bei dieser Frage haben sich 229 Personen gegen eine Angabe entschieden. Im Altersdurchschnitt ist der größte Teil der Studierenden zwischen 20 und 30 Jahren alt (76,7 %), siehe Abbildung 25.

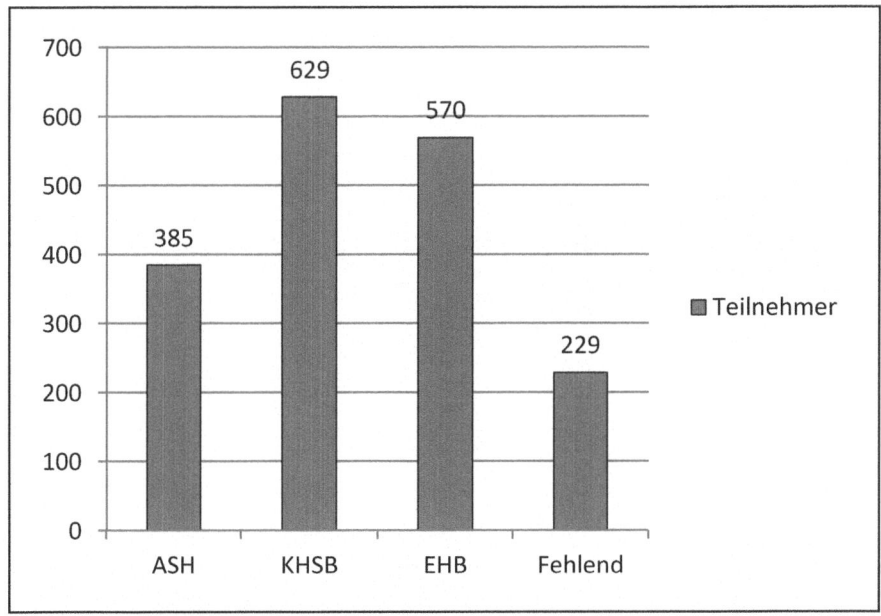

Abbildung 24: Teilnehmeranzahl der Studierendenbefragung des Netzwerks Prekäres Praktikum (eigene Darstellung)

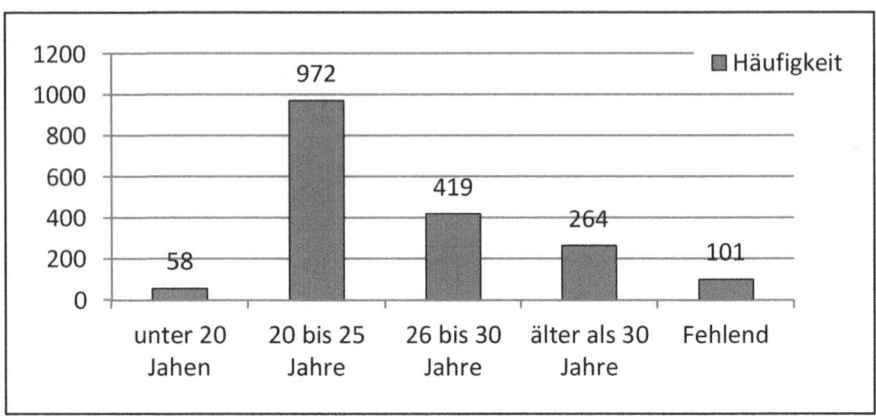

Abbildung 25: Altersdurchschnitt (eigene Darstellung)

Zu erkennen ist, dass 53,6 % zwischen 20 und 25 Jahren alt waren, sowie weitere 23,1 % zwischen 26 und 30 Jahren. Der Anteil über 30-Jähriger betrug 14,5 %. Hingegen der Anteil unter 20-Jähriger 3,1 % betrug. Die restlichen Personen mit einem Anteil 5,5 % haben dazu keine Angaben machen wollen. In der Geschlechterverteilung zeigt sich die zu erwartende Verteilung, s. Abbildung 26.

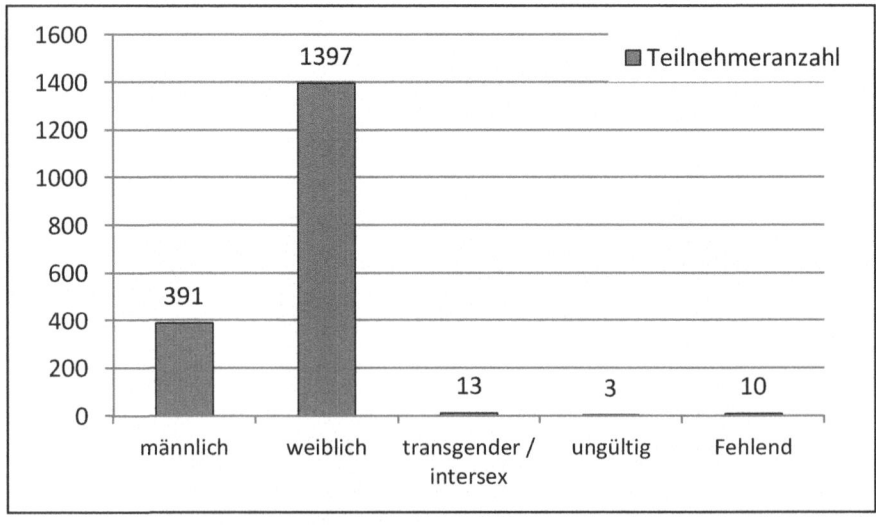

Abbildung 26: Geschlechterverteilung der Studierenden (eigene Darstellung)

3.3 Zur Situation der Studierenden

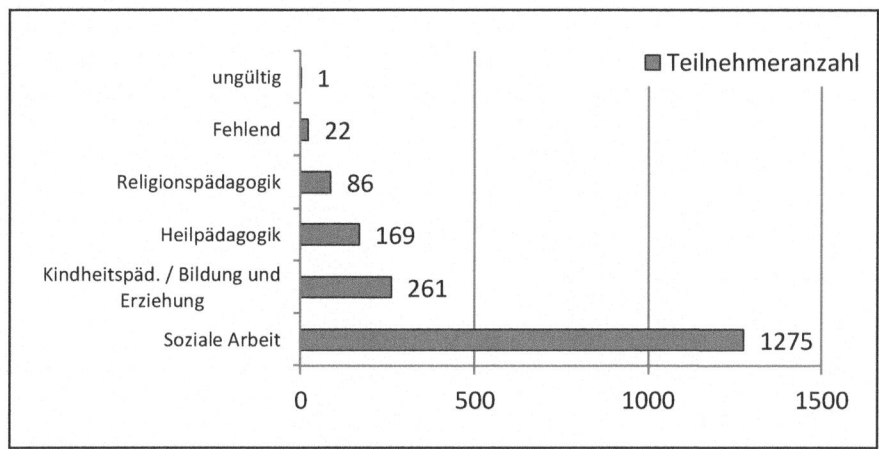

Abbildung 27: Anteil der Studiengänge (eigene Darstellung)

Von den Befragten gaben an, 77 % weiblich zu sein, 21,5 % männlich und 0,7 % transgender bzw. intersexuell. Des Weiteren studierten die meisten Teilnehmer Soziale Arbeit mit einem Anteil von 70,3 %, siehe Abbildung 27.

Weitere Studiengänge in der Erhebung waren: Kindheits-, Heil- und Religionspädagogik. Die Daten zur familiären Situation ergaben, dass von den Studierenden 13,7 % mind. ein Kind haben, s. Abbildung 28.

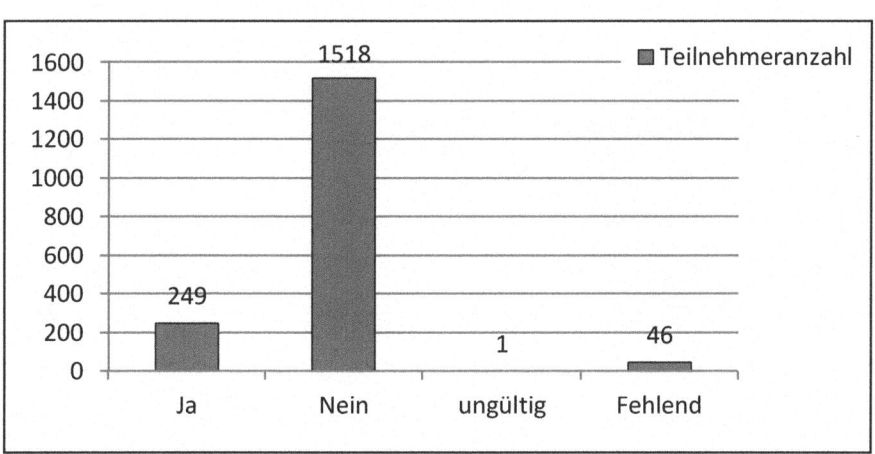

Abbildung 28: Studierende mit Kind (eigene Darstellung)

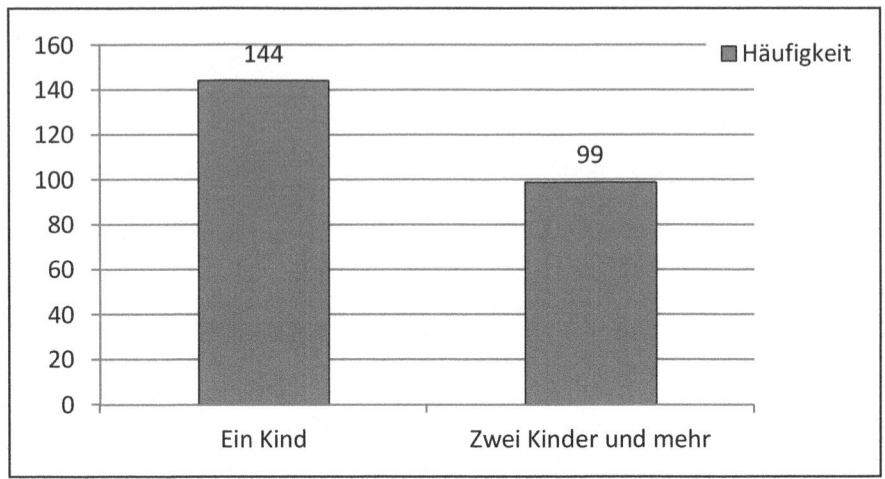

Abbildung 29: Anzahl der Kinder (eigene Darstellung)

83,7 % gaben an, kein Kind zu haben und 2,6 % trafen keine Äußerungen. Von den 13,7 % (n = 249) der Studierenden mit Kind haben 243 nähere Angaben zur Anzahl der Kinder gemacht (vgl. Abbildung 29).

In ca. 60 % der Fälle gaben diese an, ein Kind zu haben, und die restlichen Studierenden hatten zwei Kinder und mehr. Die meisten Kinder (75,6 %) waren dabei jünger als sieben Jahre (vgl. Abbildung 30).

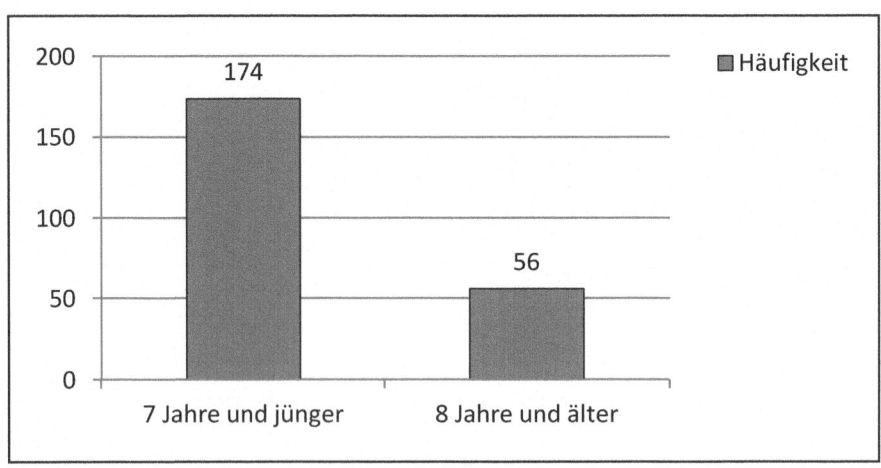

Abbildung 30: Alter des ersten Kindes (eigene Darstellung)

3.3 Zur Situation der Studierenden

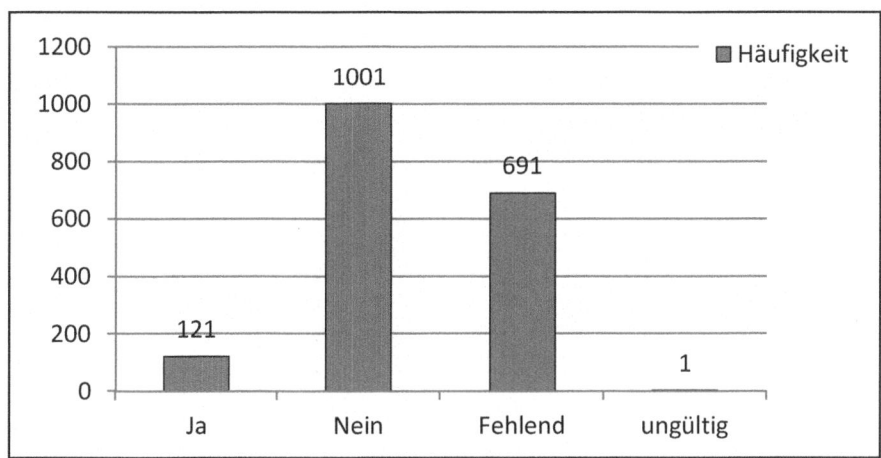

Abbildung 31: Studierende, die in Pflege von Familienangehörigen eingebunden sind (eigene Darstellung)

24,4 % hatten bereits ältere Kinder. Darüber hinaus waren von allen Befragten 6,6 % in die Pflege von Familienangehörigen eingebunden (vgl. Abbildung 31).

Die restlichen 93,4 % haben entweder mit nein geantwortet oder keine Angabe machen wollen. Des Weiteren betrug der Anteil der Studierenden mit einem Ehrenamt 35,1 %, woran sich auch wieder die Entwicklungsursprünge erkennen lassen (vgl. Abbildung 32).

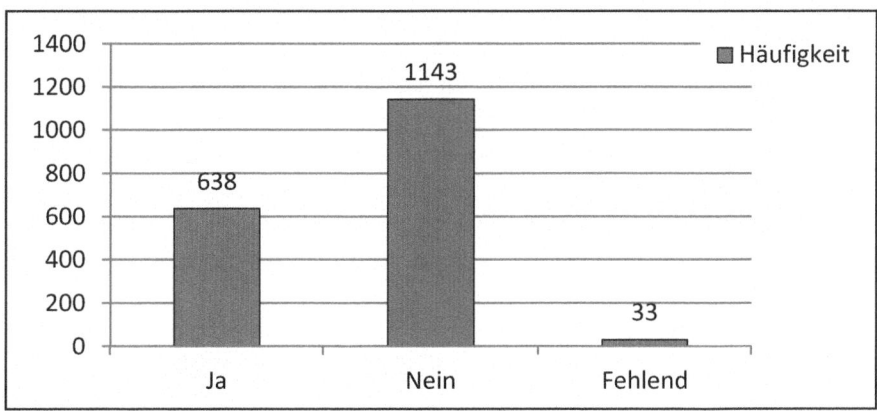

Abbildung 32: Studierende mit einem Ehrenamt (eigene Darstellung)

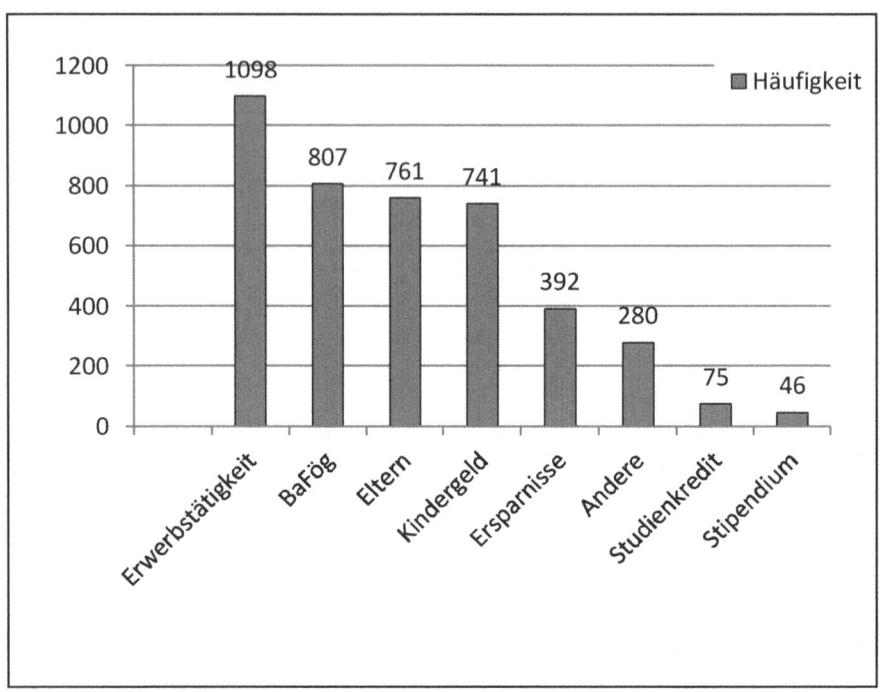

Abbildung 33: Einkommensquellen der Studierenden (eigene Darstellung)

Der Anteil von Studierenden ohne ein Ehrenamt beträgt 63 %. Demzufolge geht bereits jeder Dritte im Studium einem Ehrenamt nach. Hinsichtlich der Arten von Einkommensquellen ergibt die Erhebung das in Abbildung 33 aufgeführte Ergebnis.

Wie der Abbildung zu entnehmen ist, beträgt der Anteil von Studierenden, welche einer Erwerbstätigkeit nachgingen, 60,5 %, gefolgt von Bafög mit 44,4 %, Unterstützung der Eltern mit 41,9 % und Kindergeld mit 40,8 % sowie eigenen Ersparnissen (21,6 %), anderen Einkommensarten (15,4 %), Studienkrediten (4,1 %) und Stipendien (2,5 %). Bezüglich der anderen Einkommensarten war es möglich, eigene Angaben vorzunehmen, wodurch noch weitere Faktoren genannt wurden, wie das Einkommen des Ehepartners oder Unterhaltszahlungen. Auf die Frage nach der Haupteinkommensquelle wurden die in Abbildung 34 gezeigten Einnahmequellen angeben.

3.3 Zur Situation der Studierenden

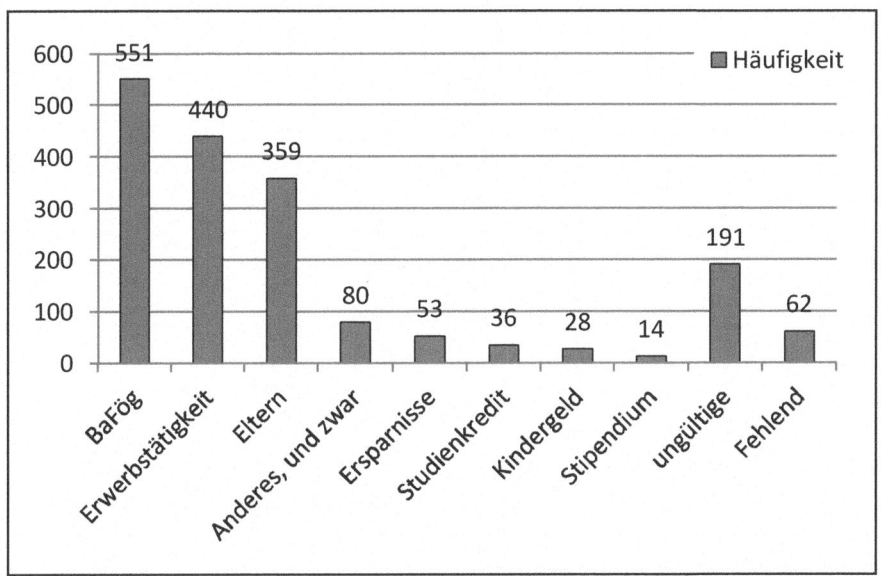

Abbildung 34: Haupteinkommensquellen der Studierenden (eigene Darstellung)

Die drei hauptsächlichen Einkommensquellen sind das Bafög mit 30,3 %, die eigene Erwerbstätigkeit mit 24,2 % und die Unterstützung der Eltern mit 19,7 %. Aufaddiert finanzieren sich somit 74,2 % der Studierenden aus diesen Einkommensquellen. Zu den restlichen Einkommensquellen (11,6 %) gehören, Ersparnisse, Studienkredite, das Kindergeld und Stipendien. Insgesamt haben 13,9 % ungültige Angaben vorgenommen oder wollten keine geben. Warum es trotz dieses hohen Anteils von erwerbstätigen Studierenden und der damit einhergehenden Nähe zum beruflichen Alltag nicht zu einer stärkeren Thematisierung dieser Problematik kommt bleibt fraglich.

In der Höhe des monatlichen Gesamteinkommens lagen 72,4 % unter dem gesetzlichen Existenzminimum von ca. 814 Euro, s. Abbildung 35. Berechnet wurde dies aus dem aktuellen Harz-IV-Regelsatz in Höhe von 391 Euro (Sozialleistungen.info, 2014) und dem durchschnittlichen Anspruch auf Mietzuschuss für jeweils eine Person, in Berlin lebend, in Höhe von 423 Euro (Senatsverwaltung für Gesundheit und Soziales, 2014). Der Abbildung nach sind es nur 24 % der Studierenden, welche laut Angaben mehr als 801

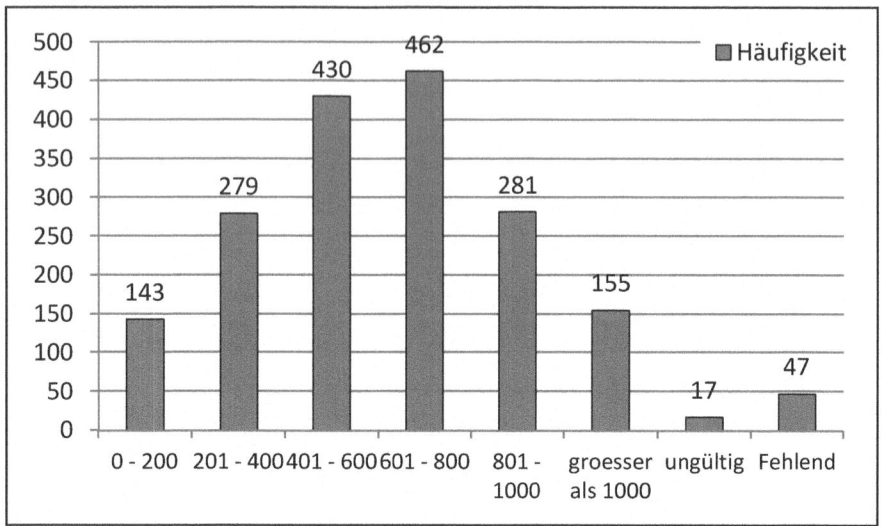

Abbildung 35: Durchschnitteinkommenshöhe der Studierenden (eigene Darstellung)

Euro zur Verfügung zu haben. Die restlichen 3,5 % waren entweder ungültige oder fehlende Angaben.

Angesichts der Situation auf dem späteren Arbeitsmarkt wurden die Studierenden gefragt, ob sie Mitglied einer Gewerkschaft oder eines Berufsverbandes sind. Dabei haben 80,7 % mit nein geantwortet, s. Abbildung 36. 15,5 % haben keine Angabe gemacht und lediglich 3,7% gaben an, Mitglied in einer Gewerkschaft zu sein. Diese Quote deckt sich mit dem Ergebnis einer früheren Erhebung von 2012, bei der die Quote bei ähnlichen 3,6 % (Heinz, 2012) lag.

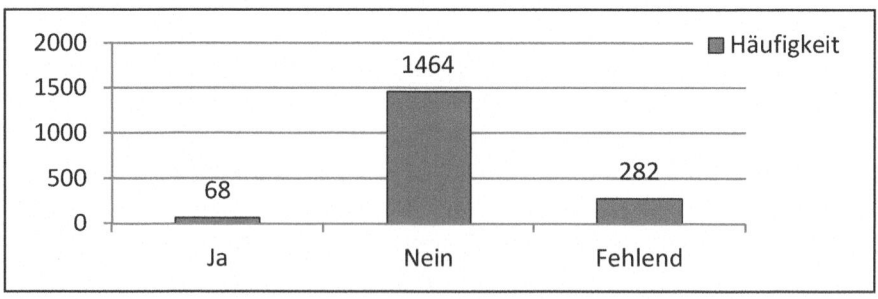

Abbildung 36: Berufspolitischer Organisationsgrad der Studierenden (eigene Darstellung)

3.3 Zur Situation der Studierenden

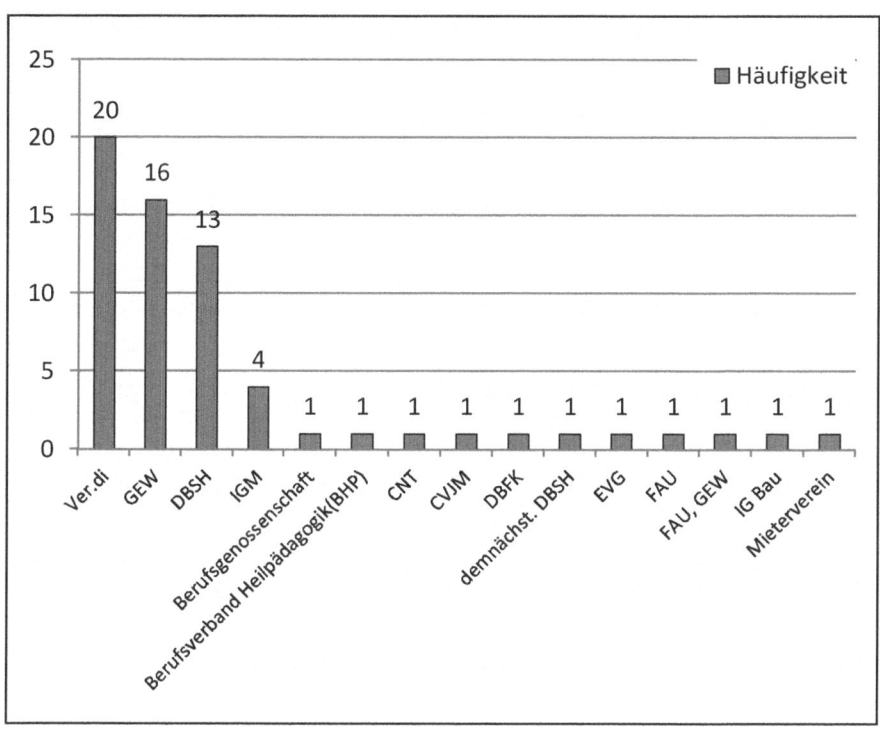

Abbildung 37: Gewerkschaftsmitgliedschaft der Studierenden (eigene Darstellung)

Auf die offene Frage, bei welcher Gewerkschaft oder welchem Berufsverband die Studierenden sind, wurden die in Abbildung 37 dargestellten Angaben getroffen. Die drei meistgenannten Angaben waren Ver.di, GEW und der DBSH.

Zusammenfassend stellen sich die resultierenden sozioökonomischen Belastungsfaktoren folgendermaßen dar: 6,6 % sind in die Pflege von Familienangehörigen eingebunden, 13,7 % haben mindestens ein Kind, davon sind die meisten (75 %) im Kleinkindalter, 35 % gehen einem Ehrenamt nach und 60,5 % haben eine Erwerbstätigkeit, bei der es sich für 24,2 % um die Haupteinkommensquelle handelt. Trotz dieses gesellschaftlichen Engagements und hoher Leistungsbereitschaft haben 72,4 % der Studierenden in diesen Studienrichtungen weniger als das gesetzliche Existenzminimum zur Verfügung. Zusätzlich verschärft wird die Lebenssituation in der Zeit der Praktika, welche in Berlin ein Semester beträgt, da es in dieser besonderen

Phase keine Praktikumsvergütung gibt, aber die Studierenden ihre Arbeitskraft in Vollzeit zur Verfügung stellen müssen. Wie aus den Daten zur Einkommenssituation hervorgeht, bestreitet jeder Vierte sein Haupteinkommen aus eigener Erwerbstätigkeit und jeder Zweite bekommt kein Bafög. Die Phase der Praktika ist somit für viele Studierende besonders erschwert.

Die Bedeutung der Praktika ist auch aus Sicht der Arbeitssozialisation von besonderer Bedeutung und zeigt weitreichende Konsequenzen. In dieser Phase finden prägende und nachhaltige Prozesse statt. Unter anderem kommt es zu einer Gewöhnung an die gegebenen Arbeitsbedingungen, und dies beeinflusst die Erwartungen an die zukünftigen Arbeitsplätze (Schatz, Jenkins, & Sheafor, 1990: 222). Das Praktikum vermittelt eine erste Vorstellung des professionellen Habitus, aufgrund der erlebten Praxis und des Umgangs der SozialarbeiterInnen damit. Das Praktikumssemester weist somit eine besondere Bedeutung in der Berufssozialisation resp. Sekundärsozialisation auf. Denn „jede Berufsausbildung ist also in gewissem Sinn sekundäre Sozialisation" (Berger & Berger, 1976: 53) und stellt gleichzeitig hierbei eine der schwierigsten Herausforderung dar. Somit wird eine wichtige Voraussetzung zur Duldung und Akzeptanz von prekären Arbeitsbedingungen bereits im Studium geschaffen, da jeder zukünftige Arbeitsplatz eine ökonomische Verbesserung darstellen wird, egal wie unangemessen die Arbeitsbedingungen sein werden.

4 Zusammenfassung aus Sicht der Paradigmen

Unter Verwendung des Instruments der Faktorenübersicht (Abbildung 4) ergibt sich zusammenfassend folgendes Problemgemenge im Bereich der Sozialen Arbeit. Die dabei genannten Faktoren sind oft paradigmenübergreifend, damit diese jedoch diskutiert werden können, wurden sie in ihrer Hauptwirkungsweise den einzelnen Paradigmen zugeordnet.

4.1 Structional Strains Ansatz

Die Auswirkungen der Ökonomisierung haben bereits zu deutlichen Folgen für die Arbeitsleistungserbringer geführt. Angesichts der wachsenden Umsatz- und Gewinnerwartungen werden diese in den nächsten Jahren weiter zunehmen. Mit den sich erhöhenden Gewinnen wird sich ebenfalls die Prekarisierung erweitern, welche immer stärker Anlass geben wird sich zu mobilisieren. Insofern kann der Anlass für Proteste und eine soziale Bewegung als gegeben erachtet werden (Kap. 2.3.1). Die Deprivationserfahren werden demnach weiter zunehmen, jedoch ist die Nachteilswahrnehmung getrübt durch die flächendeckende Prekarisierung aller Berufsgruppen in Deutschland, da sich diese im Vergleich nicht stark voneinander Unterscheiden und viele weitere Berufsgruppen betroffen sind.

Die zweite Ebene des Ansatzes beschreibt die sozialstrukturelle Basis als Bedeutsam. Hierbei stellt sich die Frage, inwieweit die Menschen verunsichert sind aufgrund der Prekarisierung und der damit verbundenen existenziellen Ängste vor dem sozialen Abstieg. Die Orientierung der Betroffenen fällt dabei oft auf andere Berufsgruppen, in denen die Arbeitsbedingungen noch prekärer sind, und sie sind von daher bereit die eigene Prekarisierung eher hinzunehmen, da diese in Gänze noch nicht ganz zu vergleichen ist mit denen in anderen Berufen. Dieser Vergleich der Berufsgruppen untereinander hat eine Abwärtsspirale zur Folge, welche sich fortlaufend an den noch schwächeren Berufsgruppen orientiert. Die flächendeckende Prekarisierung aller Berufsgruppen, wird dadurch zu einem sich selbst begünstigenden Prozess, bei dem die ArbeitsleistungserbringerInnen glauben, im Vergleich noch relativ gute Arbeitsbedingungen zu haben. Auf individueller Ebene ist darüber hinaus auch von Bedeutung, ob die Personen daran glauben, dass sich etwas durch Proteste verändert. Hinzu kommt in dieser Berufsgruppe eine grundlegende Zufriedenheit durch die Sinnhaftigkeit mit der eigenen Arbeit, welche im Gegensatz zur Unzufriedenheit mit den Arbeitsbedingungen steht und eine teilweise negierende Wirkung haben könnte, wenn hierbei nicht ausreichend differenziert wird. Hinsichtlich der Protestbereitschaft von Personen findet in der sozialen Arbeit darüber hinaus, eine starke Auslese statt, wer überhaupt Soziale Arbeit studieren darf. Der Numerus clausus in diesem Studium, welcher vergleichbar ist mit Jura, Medizin oder Psychologie (siehe EHB, ASH, KHSB, HTWK-Leipzig etc.), verlangt eine hohe Konformität an das bestehende System als Voraussetzung für das Studium. Gleichzeitig hat es eine Konformität an das bestehende System zur Folge, welches erlerntermaßen, als „gut" und „richtig" empfunden wird und somit die individuelle Protestbereitschaft ebenfalls beeinflusst. Aus der Geschichte von Sozialer Arbeit geht zudem hervor, dass in dieser Berufsgruppe stets eine hohe ideelle Überzeugung vorlag (Kap. 2.1.1), welche schon immer der Gefahr ausgesetzt war, ausgenutzt zu werden. Dabei könnte der Umstand, dass es sich hinsichtlich der sozialstrukturellen Mobilisierungsbasis um eine gesamte Profession von Helfenden und Unterstützenden handelt, zu einer wichtigen Ressource werden.

4.2 Collective Identity Ansatz

Das Verständnis davon, einer Gruppe anzugehören und sich dadurch abzugrenzen von Anderen, ist die Voraussetzung für die Mobilisierung einer sozialen Bewegung. Daran geknüpft sind die Handlungsfähigkeit und Selbststeuerung. Aus den sozioökonomischen Verhältnissen wird deutlich, dass kein anderes Paradigma dermaßen belastet wird, wie die kollektive Identität in dieser Berufsgruppe. Die Ursachen dafür sind vielfältig. Zu den genannten Faktoren gehören, die Heterogenität der Berufsfelder, die ehrenamtliche Tätigkeit in sozialen Bereichen, das negative Berufsbild und das zunehmend individualisierte Denken und Handeln, gefördert durch die Vermarktlichung auf der individuellen Ebene. Darüber hinaus beschreibt der Ansatz die Zuschreibungserfahrungen als ebenso bedeutsam, welche durch die mangelnde gesellschaftliche Anerkennung konsequent beeinträchtigt werden und zu einem kollektiven Minderwertigkeitsgefühl führen. Damit einher geht die Unterwerfung an die bestehenden gesellschaftlichen Verhältnisse.

4.3 Resource Mobilization Ansatz

Aus Sicht des Resource Mobilization Ansatzes ergeben sich die Nachteile bereits aus den mangelnden Geld- und Zeitressourcen. Verantwortlich dafür sind unter anderem der Gender-Pay-Gap, die geringen Löhne, und die unbezahlte Arbeit. Das bedeutsamere Problem besteht allerdings in der mangelnden Bewegungsorganisation. Ein Vorwurf, dem sich die Gewerkschaften bis heute im sozialen Bereich stellen müssen, ist das fehlende Engagement (Stapf-Finé, 2013). Hinzu kommt ein ohnehin sehr geringer Organisationsgrad, sowohl bei den Studierenden mit ca. 3,7 % als auch bei den Arbeitsleistungserbringern mit ca. 20 %. Darüber hinaus wird diese geringe berufliche Organisierung noch aufgesplittet in die einzelnen Mitgliedschaften bei Ver.di, GEW und dem DBSH.

4.4 Political Opportunity Ansatz

Aus der Chronik der sozialen Bewegungen zwischen 1945 und 2007 gehen einzig in dem Jahr 2004 mehrere Bewegungen gegen die Einführung von Harz IV, Sozialdumping und den „Sozialkahlschlag" hervor (Roth & Rucht, 2008: 691). Aus Sicht der politischen Gelegenheitsstrukturen wurden diese Proteste gebilligt und keine Gegenmaßnahmen ergriffen. Von daher ist zu vermuten, dass eine Protestbewegung in diesem Bereich zunächst toleriert werden würde, abhängig von ihren politischen Verbündeten und Gegnern. Außerhalb der politischen Strukturen könnten weitere Verbündete bei den globalisierungs- und ökonomisierungskritischen Bewegungen gesucht werden (z. B. Attac), welche eine soziale Bewegung unterstützen könnten. Da bislang dahingehend ebenfalls nichts unternommen wurde, wirkt sich dies ebenso nachteilig aus. An weiteren externen Faktoren ist auch die zunehmende Individualisierung der Gesellschaft als kritisch zu betrachten.

4.5 Framing Ansatz

Die Problematik der Prekarisierung stellt kein Einzelphänomen des sozialen Bereichs dar, davon betroffen sind mehr oder weniger alle Berufsgruppen. Dies erschwert die Thematisierung des Problems, da der Vergleich mit anderen Berufsgruppen als Gegenargument zur Thematisierung genutzt wird. Die öffentliche Aufmerksamkeit für dieses Thema ist daher eher als gering einzuschätzen, hingegen die Aufmerksamkeit bei den Betroffenen und den künftig Betroffenen, den Studierenden, sehr wohl zu erwarten ist. Eine Voraussetzung hierfür bildet das Grundverständnis für die politischen Zusammenhänge und die Vorstellung, dass die Verhältnisse veränderbar sind. Aus den beiden Entwicklungsursprüngen geht jedoch eine entpolitisierende Neigung hervor (Kap. 2.1.2), welche bei Vernachlässigung die aktuellen Entwicklungen der Prekarisierung begünstigt. Es scheint notwendig zu sein, dass die SozialarbeiterInnen stets an die Entwicklungsursprünge erinnert werden, damit diese ihre Professionalität nicht verlieren.

Hierbei haben die Hochschulen aus Sicht mehrerer Paradigmen eine große Bedeutung, da in keiner anderen Zeit die künftigen SozialarbeiterInnen wieder an einem Ort vereint sein werden (Collective Identity Ansatz). Damit verbunden ist die Thematisierung der Problematik (Framing Ansatz), die nur in dieser Zeit höchst effektiv sein kann, und auch hinsichtlich der Bewegungsorganisation (RM-Ansatz) scheint keine Phase besser geeignet. Aus diesen Gründen haben die Hochschulen für Sozialer Arbeit eine Schlüsselposition in der Bearbeitung der Thematik inne.

Den Anzeichen nach hat die zunehmende Methodenfixierung im Studium zu einer unpolitischen Ausbildung geführt, welche von daher wieder stärker im Studium berücksichtigt werden muss. Dies sollte jedoch nicht nur aus Gründen der eigenen Professionalität geschehen, sondern auch wegen der zu erwartenden Zunahme der Prekarisierung bedarf es zwingend der Thematisierung an den Hochschulen.

4.6 Faktorenübersicht in der Sozialen Arbeit

Insgesamt ergibt sich aus dieser Zusammenfassung die in Abbildung 38 dargestellte Übersicht aus der Perspektive der Bewegungsforschung für die

4.6 Faktorenübersicht in der Sozialen Arbeit

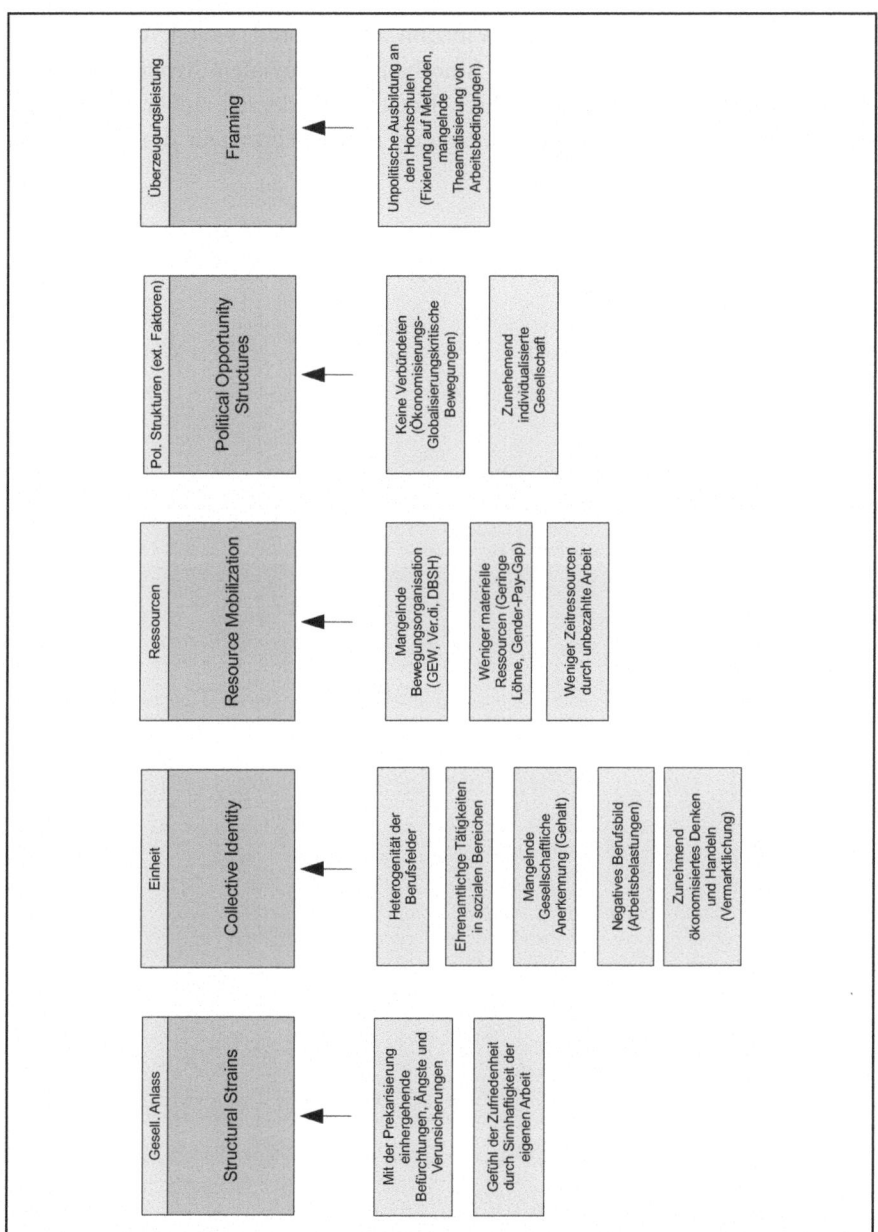

Abbildung 38: Faktorenübersicht in der Sozialen Arbeit (eigene Darstellung)

Soziale Arbeit. Angesichts dieser Vielzahl an Faktoren, welche die Herausbildung einer sozialen Bewegung innerhalb der Sozialen Arbeit hemmen, scheint die Wahrscheinlichkeit ihrer Entstehung derzeit äußerst unwahrscheinlich zu sein, trotz der zunehmenden Prekarisierung in dieser Berufsgruppe.

5 Resümee und Ausblick

Es gibt keinen Zweifel daran, dass sich die aktuelle Entwicklung weiter fortsetzt und zu einer stetig steigenden Prekarisierung innerhalb der Sozialen Arbeit führen wird. Ebenso betroffen sind davon auch die anderen sozialen Berufe, da die Ursachen ebenso für diese gelten. Die Frage, warum es zu keinen Protesten oder einer sozialen Bewegung innerhalb dieser Berufsgruppe kommt, trotz der zunehmenden Prekarisierung, kann durch diese Arbeit in groben Ansätzen beantwortet werden. Methodisch erwies sich dabei die Kombination der Paradigmen von sozialen Bewegungen mit den sozioökonomischen Daten der Berufsgruppe als sinnvoller Ansatz für neue Erkenntnisse. Wie die Arbeit zeigt, bestehen multikausale Ursachen, welche bei den entpolitisierenden Neigungen durch die Entwicklungsursprünge beginnen und durch die Prekarisierung selbst beeinflusst werden. Hierbei wurden die Wirkungsweisen der sozioökonomischen Verhältnisse aus Sicht der einzelnen Paradigmen von sozialen Bewegungen deutlich und zeigen im Rahmen der abschließenden Faktorenübersicht, wie unwahrscheinlich eine Mobilisierung unter den bestehenden Verhältnissen ist. Somit gilt die Hypothese dieser Arbeit als bewiesen.

Wie die Faktorenübersicht darüber hinaus zeigt, lastet dabei die Mehrheit der Faktoren auf der kollektiven Identität, welche hierdurch massiv beeinträchtigt wird. Dieses Gefühl der kollektiven Verbundenheit kann sich von daher ab der Zeit nach dem Studium kaum noch einstellen und im Studium selbst fehlt es an Framing. Entscheidend beitragen könnte dazu auch die Thematisierung der Bewegungsforschung selbst im Studium. Dies würde insbesondere die kollektive Identität stärken, da es die Entstehung der Profession und gleichzeitig den politischen Charakter verdeutlicht. Die Thematisierung könnte dabei an bestehende Module, wie die Geschichte der Sozialen Arbeit oder Sozialpolitik, anknüpfen, da die Bewegungsforschung hierbei eine Brücke zwischen den genannten Modulen darstellt und den Studierenden eine genauere gesellschaftliche Verortung ermöglichen würde. Des

Weiteren würde dies die Erkenntnis über die Veränderbarkeit von gesellschaftlichen Verhältnissen unterstützen. Aus diesen Gründen kommt den Hochschulen eine besondere Bedeutung zu. Diese sind in der Verantwortung die Studierenden auf die Prekarisierung aufmerksam zu machen und dieser entgegenzuwirken. Unterstützt werden könnte dies durch die Gründung eines an der Hochschule angesiedelten Instituts, welches in regelmäßigen Abständen zu diesem Thema berichtet und dadurch auch zu einem Ansprechpartner für die Politik werden würde. Neben der inhaltlichen Arbeit dieses Instituts, geht aus den Erkenntnissen der Bewegungsforschung hervor, dass der Fokus bei der Veröffentlichung von Informationen auf den sog. sozialen Medien liegen müsste. Diese haben in den letzten Jahren immer stärker an Bedeutung gewonnen und sind zu einem entscheidenden Kriterium bei der Mobilisierung von Personen geworden. Wie der Wahlkampf in den USA im Jahr 2008 gezeigt hat, führte der Einsatz dieser Medien zu einem Überraschungserfolg und zu einem enormen Spendenaufkommen für den damaligen politischen Außenseiter Barack Obama. Vielfältig erweitern ließe sich diese Idee durch die Einbindung von Studierenden, wie es im Konzept des Campus Office von 2012 beschrieben ist.

In den USA sind es übergeordnete Organisationen, wie die National Association of Social Workers (NASW) oder das Council on Social Work Education (CSWE), welche diesbezüglich wichtige Aufgaben übernehmen, indem sie z. B. über das Wahlverhalten der Abgeordneten informieren, Lobbyarbeit leisten oder für ein einheitliches Curriculum an den Hochschulen Sorge tragen. Darauf zu warten, dass sich nach dem Structural Strains Ansatz die Verhältnisse weiter verschlechtern, bis es zu einer sozialen Bewegung kommt, wäre nach diesem Erkenntnisstand eine fatale Strategie für die Arbeitsleistungserbringer, da bis dahin die flächendeckende Prekarisierung der eigenen und weiterer Berufsgruppen in Kauf genommen wird, obwohl dem durch ein stärkeres Framing an den Hochschulen entgegengewirkt werden könnte. Am Beispiel der aktuellen Debatte um die Hebammen in Deutschland werden die Folgen einer zunehmenden Prekarisierung deutlich, welche erst kurz davor standen, nicht länger praktizieren zu können, bevor politisch genug Druck für Lösungs- und Verbesserungsvorschläge aufgebaut wurde. Bei diesem Vergleich existieren nicht nur Parallelen in der zunehmenden Prekarisierung, sondern auch in der politischen Verhandlungsposition auf Bund und Länderebene, welche bislang ebenso verteidigungslos

5 Resümee und Ausblick

und damit fremdbestimmt waren. Ohne eine politische Einmischung wird sich von daher an der aktuell prognostizierten Entwicklung nichts ändern. Bereits jetzt gehen Schätzungen davon aus, dass 28,9 % im sonstigen Dienstleistungsbereich vom gesetzlichen Mindestlohn profitieren werden. Dabei bezieht sich diese Arbeit permanent auf relativ unpräzise Datenlagen, da bislang keine konkreten Daten zur Situation innerhalb der Sozialen Arbeit erhoben werden, wodurch sich die Problematik noch weiter verschärft. Ein Problem, das nur undeutlich beschrieben werden kann, kann ebenso nur schwerlich gelöst werden. Die NASW hat diesbezüglich die genaue statistische Erfassung der Berufsgruppe als eine Schlüsselkomponente für die gesellschaftliche Wahrnehmung und Anerkennung beschrieben.

Die Ergebnisse dieser Arbeit zeigen die Vielschichtigkeit der Problematik auf, aber gleichzeitig auch, an welchen Punkten die Veränderungen erfolgen müssen. Dabei sind es vermeintlich kleine Schritte, wie das Netzwerk Prekäres Praktikum, die „Erfurter Erklärung für gute Arbeit in der sozialen Arbeit und der Kindheitspädagogik" oder Projekte wie „Hochschule in Verantwortung" der Alice Salomon Hochschule in Berlin, welche bereits zur Verbesserung beitragen können. Von großer Bedeutung werden die Verhandlungen ab 2015 sein, bei denen die Tarife der Entgeltordnung (EGO) für den Sozial- und Erziehungsdienst der Kommunen (SuE) neu verhandelt werden. Jedoch erscheint in Anbetracht der gesellschaftlichen Ursachen für die Prekarisierung die Frage „Sozialreform oder Revolution?" von Rosa Luxemburg aus dem Jahr 1899 wieder zunehmend an Aktualität zu gewinnen. Ähnlich wie bei den Anfängen der Frauenbewegung und Arbeiterbewegung muss anscheinend die Soziale Arbeit erst wieder lernen, sich selbst beizustehen, obwohl es sich hierbei paradoxerweise um eine gesamte Profession von Helfenden und Unterstützenden handelt. Insofern ist die einleitend erwähnte plakative Frage: „Sozialfall Sozialarbeiter?" durchaus berechtigt und impliziert auch die paradoxe Situation.

Literaturverzeichnis

Bader, Veit-Michael (1991): Kollektives Handeln: Protheorie sozialer Ungleichheit und kollektiven Handelns. Teil 2. Opladen, zit. n.: Hellmann, K.-U. (1998). Paradigmen der Bewegungsforschung: Entstehung und Entwicklung von neuen sozialen Bewegungen und Rechtsextremismus. (R. Koopmans, Hrsg.). Opladen

Berger, P. L., & Berger, B. (1976): Wir und die Gesellschaft: eine Einführung in die Soziologie, entwickelt an der Alltagserfahrung. Reinbek bei Hamburg: Rowohlt.

Berger, S. (2013): Das Individuum und die „proletarische Kollektivität". Bundeszentrale für politische Bildung, Aus Politik und Zeitgeschichte (APuZ 40–41/ 2013) (63. Jahrgang). Abgerufen von http://www.bpb.de/system/files/dokument _pdf/APuZ_2013-40-41_online.pdf, (Stand: 14. Mai 2014)

Bundesministerium für Arbeit und Soziales. (2014): Bismarcks Sozialgesetzgebung (1881–1889). Elektronisches Dokument. Abgerufen von https://www.in-die-zukunft-gedacht.de/de/page/68/epoche/129/epochen.html, (Stand: 14. Mai 2014)

Bundeszentrale für politische Bildung. (2012): Zahlen und Fakten – Demografischer Wandel. Abgerufen von http://www.bpb.de/nachschlagen/zahlen-und-fakten/ soziale-situation-in-deutschland/147368/themengrafik-demografischer-wandel, (Stand: 19. Juni 2014)

Bündnis Kinder-und-Jugendhilfe. (2014): SOZIALFALL SOZIALARBEITER? Sozialarbeiter*innen drohen selbst zu Sozialfällen zu werden. Abgerufen von http://buendnis-jugendhilfe.de/2014/04/09/sozialfall-sozialarbeiter-sozial arbeiterinnen-drohen-selbst-zu-sozialfaellen-zu-werden/, (Stand: 21. Juli 2014)

Carillo, J. M. M. (2013): The Social Dimension of the Economic Crisis in Europe. In H. Stapf-Finé (Hrsg.), The social dimension of the economic crisis in Europe. Berlin: Schibri-Verlag.

Castel, R., Dörre, K., & Bescherer, P. (Hrsg.). (2009): Prekarität, Abstieg, Ausgrenzung: die soziale Frage am Beginn des 21. Jahrhunderts. Frankfurt am Main: Campus.

Computerbild. (2014): Gehaltsvergleich. Wer verdient wie viel? Abgerufen von http://www.computerbild.de/artikel/cb-Ratgeber-Kurse-Internet-Gehalts vergleich-10006562.html, (Stand: 22. Juni 2014)

Deutscher Bundestag (2014): Biografie von Martin Patzelt. Elektronisches Dokument. Abgerufen von http://www.bundestag.de/bundestag/abgeordnete18/biografien/P/patzelt_martin.html, (Stand: 16. Mai 2014)

Deutscher Bundestag (2014): Biografie von Renate Künast. Elektronisches Dokument. Abgerufen von http://www.bundestag.de/bundestag/abgeordnete18/biografien/K/kuenast_renate.html, (Stand: 16. Mai 2014)

Deutsches Institut für Wirtschaftsforschung. (2012): Top 5, Flop 5: Fächer und ihre späteren Stundenlöhne. SPIEGEL ONLINE. Abgerufen von http://www.spiegel.de/fotostrecke/fotostrecke-80459.html, (Stand: 22. Juni 2014)

DGB-Index Gute Arbeit (2013): DGB-Index Gute Arbeit Der Report 2013. Abgerufen von http://www.dgb-index-gute-arbeit.de/downloads/publikationen/data/dgb-index_gute_arbeit_-_report_2013.pdf, (Stand: 22. Juni 2014)

Doyle, K. O. (1999): The social meanings of money and property: in search of a talisman. Thousand Oaks, Calif: Sage Publications.

Eichinger, U. (2009): Zwischen Anpassung und Ausstieg: Perspektiven von Beschäftigten im Kontext der Neuordnung Sozialer Arbeit (2009. Aufl.). VS Verlag für Sozialwissenschaften.

Flick, U. (2011): Triangulation Eine Einführung (2. Auflage.). Wiesbaden: VS Verlag für Sozialwissenschaften.

Giesen, B., & Seyfert, R: (2013). Kollektive Identität. Bundeszentrale für politische Bildung, Aus Politik und Zeitgeschichte (APUZ 13-14/2013)(63. Jahrgang), 39–43.

Hein-Kircher, H. (2013): „Deutsche Mythen" und ihre Wirkung. Bundeszentrale für politische Bildung, Aus Politik und Zeitgeschichte (APUZ 13-14/2013) (63. Jahrgang). Abgerufen von http://www.bpb.de/system/files/dokument_pdf/APuZ_2013-13-14_online.pdf, (Stand: 14. Mai 2014)

Heinz, A. (2012): Wie kann das gewerkschaftliche und berufspolitische Bewusstsein im Studium gefördert werden? Berlin: Unveröffentlichte Bachelorarbeit, Alice Salomon Hochschule.

Hellmann, K.-U. (1998): Paradigmen der Bewegungsforschung: Entstehung und Entwicklung von neuen sozialen Bewegungen und Rechtsextremismus. (R. Koopmans, Hrsg.). Opladen

Hocke, N. (2012): Atypische Beschäftigungsverhältnisse in ausgewählten Arbeitsfeldern der Kinder- und Jugendhilfe. Frankfurt am Main: GEW.

Institut für Protest- und Bewegungsforschung. (2014): Kolloquium – Politik von unten. Elektronisches Dokument. Abgerufen von http://protestinstitut.eu/veranstaltungen/, (Stand: 9. Juni 2014)

Kirmanoglu, H., & Baslevent, C. (2012): Using basic personal values to test theories of union membership. Socio-Economic Review 10, Nr. 4 (2012): 683–703.

Luma, Mirjeta (2012): Die Veränderungen der Arbeitsbedingungen von SozialarbeiterInnen im Zuge der Ökonomisierung der Sozialen Arbeit. Ein Vergleich zwischen öffentlichem Dienst und Wohlfahrtsverbänden am Beispiel des Bezirks Neukölln. Masterarbeit im Studiengang „Praxisforschung in Sozialer Arbeit und Pädagogik", Alice Salomon-Hochschule Berlin, zit. n.: Stapf-Finé, H. (2013). Der Einfluss von Globalisierung und Ökonomisierung auf Felder Sozialer Arbeit und Kindheitspädagogik: eine Forschungswerkstatt. (M. Brodowski, Hrsg.). Münster: Lit.

Mann, K. (1980): Mephisto: Roman einer Karriere. Reinbek bei Hamburg: Rowohlt.

McAdam, Doug (1982): Political Process and Development of Black Insurgency, 1930–1970. Chicago/London, zit. n.: Hellmann, K.-U. (1998). Paradigmen der Bewegungsforschung: Entstehung und Entwicklung von neuen sozialen Bewegungen und Rechtsextremismus. (R. Koopmans, Hrsg.). Opladen

Racke, K. (2003): Berufspolitsiche Interessenorganisationen in der Sozialen Arbeit am Rande der Bedeutungslosigkeit: Dargestellt am Deutschen Berufsverband für Soziale Arbeit e. V. (1., Aufl.). Hartung-Gorre.

Raschke, J. (1988): Soziale Bewegungen: ein historisch-systematischer Grundriss. Frankfurt; New York: Campus.

Raschke, J. (1999): Machtwechsel und soziale Bewegungen. In A. Klein, H.-J. Legrand, & T. Leif (Hrsg.), Neue soziale Bewegungen: Impulse, Bilanzen und Perspektiven (1. Auflage., S. 65–88). Opladen: Westdeutscher Verlag.

Richter, C. (2013): Mythos und Wirklichkeit der „Facebook-Generation" im Nahen Osten. In K. Sonntag (Hrsg.), E-Protest: neue soziale Bewegungen und Revolutionen (S. 37–54). Heidelberg: Winter.

Roer, D. (2010): Soziale Arbeit und Sozialpolitik. Der Beitrag der Mainstream-Sozialarbeitswissenschaften zur (Ent-?) Politisierung der Profession. In B. Michel-Schwartze (Hrsg.), „Modernisierungen" methodischen Handelns in der Sozialen Arbeit (1. Auflage., S. 33–47). Wiesbaden: VS Verlag für Sozialwissenschaften / GWV Fachverlage, Wiesbaden.

Roth, R., & Rucht, D. (2008): Die Sozialen Bewegungen in Deutschland seit 1945: Ein Handbuch (Auflage: 1.). Frankfurt ; New York: Campus Verlag.

Rucht, D. (2013): Aufstieg und Fall der Occupy-Bewegung. In K. Sonntag (Hrsg.), E-Protest: neue soziale Bewegungen und Revolutionen (S. 111–136). Heidelberg: Winter.

Sachße, C. (2011): Zur Geschichte Sozialer Dienste in Deutschland. In T. Olk (Hrsg.), Handbuch Soziale Dienste (1. Aufl., S. 94 – 116). Wiesbaden: VS Verlag für Sozialwissenschaften.

Salomon, Alice (1932/33): Die Anfänge der sozialen Arbeit. In: Die Frau 40. Jg. 723-725, zit. n.: Wagner, L. (2009): Soziale Arbeit und soziale Bewegungen. Wiesbaden: VS, Verlag für Sozialwissenschaften.

Schatz, M., Jenkins, L. E., & Sheafor, B. W. (1990): Milford Redifined: A Model of Initial and Advanced Generalist Social Work. Journal of Social Work Education, 1990(3), 217 – 231.

Schilling, J., Zeller, Susanne (2012): Soziale Arbeit Geschichte, Theorie, Profession ; mit 5 Tabellen und 127 Übungsfragen. München; Basel: E. Reinhardt.

Schimpf, E. (Hrsg.). (2012): Kritisches Forschen in der Sozialen Arbeit: Gegenstandsbereiche-Kontextbedingungen-Positionierungen-Perspektiven. Wiesbaden: Springer VS.

Seeck, A. (2008): Von der „Fürsorge" zur Sozialpädagogik. Freiheit pur – Albert Camus. Elektronisches Dokument. Abgerufen von http://www.freiheitpur. i-networx.de/sozialpaedagogik.html, (Stand: 9. Juni 2014)

Seithe, M. (2010): Schwarzbuch Soziale Arbeit (1. Aufl.). Wiesbaden: VS Verlag für Sozialwissenschaften.

Senatsverwaltung für Gesundheit und Soziales. (2014): Zweite Verordnung zur Fortschreibung der Wohnaufwendungenverordnung 2014). Abgerufen von http://www.berlin.de/sen/soziales/berliner-sozialrecht/land/rv/wav_fortschreibungsvo 2014.html, (Stand: 23. Juli 2014)

Simmel, G. (2009): Philosophie des Geldes. Köln: Anaconda.

Sozialleistungen.info (2014): Hartz IV Regelsatz/Regelbedarf. Abgerufen von http://www.sozialleistungen.info/hartz-iv-4-alg-ii-2/alg-ii-leistungen.html, (Stand: 23. Juli 2014)

Spiegel Online. (2014): Vermögen in Deutschland ungleicher verteilt als im Rest der Eurozone. Spiegel Online. Abgerufen von http://www.spiegel.de/wirtschaft/soziales/vermoegen-in-deutschland-ungleicher-verteilt-als-im-rest-der-eurozone-a-955701.html, (Stand: 24. Juni 2014)

Stapf-Finé, H. (2013): Der Einfluss von Globalisierung und Ökonomisierung auf Felder Sozialer Arbeit und Kindheitspädagogik: eine Forschungswerkstatt. (M. Brodowski, Hrsg.). Münster: Lit.

Statista. (2014): Branchenreport 2014 Sozialwesen (ohne Heime).

Staub-Bernasconi, Silvia (2007): Soziale Arbeit: Dienstleistung oder Menschenrechtsprofession? Zum Selbstverständnis Sozialer Arbeit in Deutschland mit einem Seitenblick auf die internationale Diskussionslandschaft. In: Lob-Hüdepohl, A. & Lesch, W. (Hg.): Ethik Sozialer Arbeit. Ein Handbuch. Paderborn: Verlag Ferdinand Schöningh GmbH & Co. KG., S.20-53, zit. n.: Wolf, H. (2014). Ich weiß, wer ich bin, damit wir Einfluss haben! Identitätsarbeit als Solidaritätspotential der heterogenen Profession Soziale Arbeit. Berlin: Unveröffentlichte Bacheloarbeit, Evangelische Hochschule Berlin.

Stolz-Willig, B. (2011): Hauptsache billig?: Prekarisierung der Arbeit in den sozialen Berufen. Münster: Westfälisches Dampfboot.

Literaturverzeichnis

Thole, W. (2012): Grundriss Soziale Arbeit: ein einführendes Handbuch. Wiesbaden: Verlag für Sozialwissenschaften

Unabhängiges Forum Soziale Arbeit. (2014): Smartmob in Berlin: 6 Schilder, 12 Sozialarbeiter*innen anwesend.... Facebook Eintrag vom 18.03.2014.

Wagner, L. (2009): Soziale Arbeit und soziale Bewegungen. Wiesbaden: VS, Verlag für Sozialwissenschaften.

Wirtschafts- und Sozialwissenschaftliches Institut (WSI). (2013): Entgeltungleichheit. Abgerufen von http://www.boeckler.de/39135.htm, (Stand: 2. Juni 2014)

Wissenschaftszentrum Berlin für Sozialforschung (WZB). (2009): Bericht zur Lage und zu den Perspektiven des bürgerschaftlichen Engagements in Deutschland. Abgerufen von http://www.bmfsfj.de/RedaktionBMFSFJ/Broschuerenstelle/Pdf-Anlagen/buergerschaftliches-engagement-bericht-wzb-pdf, (Stand: 11. Juli 2014)

Wohlfahrt, N. (2007): Arbeit in Sozialen Diensten: flexibel und schlecht bezahlt. Baltmannsweiler, zit. n.: Hocke, N. (2012). Atypische Beschäftigungsverhältnisse in ausgewählten Arbeitsfeldern der Kinder- und Jugendhilfe. Frankfurt am Main: GEW.

Wolf, H. (2014): Ich weiß, wer ich bin, damit wir Einfluss haben! Identitätsarbeit als Solidaritätspotential der heterogenen Profession Soziale Arbeit. Berlin: Unveröffentlichte Bacheloarbeit, Evangelische Hochschule Berlin.

Wolf, M. (2011): Prekarisierung und Entprofessionalisierung der Sozialen Arbeit. In J. Christofordis (Hrsg.), Hauptsache billig? Prekarisierung der Arbeit in Sozialen Berufen. Münster: Westfälisches Dampfboot.

WSI-Lohnspiegel-Datenbank. (2012): Was verdienen Sozialpädagoginnen und Sozialpädagogen? Abgerufen von http://www.lohnspiegel.de/dateien/sozialpaedagogen, (Stand: 02. Juni 2014)

Zeller, S. (1994): Geschichte der Sozialarbeit als Beruf. Bilder und Dokumente (1893–1939). Centaurus, Pfafenweiler, zit. n.: Schilling, J., Zeller, Susanne (2012). Soziale Arbeit Geschichte, Theorie, Profession ; mit 5 Tabellen und 127 Übungsfragen. München; Basel: E. Reinhardt.

Zwahr, A. (2006): Brockhaus Enzyklopädie: in 30 Bänden. Leipzig; Mannheim: F.A. Brockhaus.

The manufacturer's authorised representative in the EU is Springer Nature Customer Service Centre GmbH, Europaplatz 3, 69115 Heidelberg, Germany. If you have any concerns regarding our products, please contact ProductSafety@springernature.com

Printed and bound by CPI Group (UK) Ltd, Croydon, CR0 4YY

23/03/2026

02076400-0008